“十二五”职业教育国家规划教材
经全国职业教育教材审定委员会审定
“十二五”江苏省高等学校重点教材
高职高专经济贸易类专业系列教材

进出口业务综合实训

主　编　朱玉嬴
副主编　广银芳　秦社华　郭晓晶
参　编　芮琳琳　孙国忠　王海澄
　　　　夏网生　吴　健

机械工业出版社

本书为“十二五”职业教育国家规划教材，经全国职业教育教材审定委员会审定，共分为三部分。第一部分介绍了进出口业务综合实训课程的目的、实训内容、实训条件要求及建设、实训组织形式及该实训课程的考核内容。第二部分则从实际出发介绍了国际商务活动中的商务接待礼仪规范、职场人际交往规范和进出口业务实训时的操作规范。第三部分为覆盖了不同进出口流向、成交条件、结算方式、监管条件、行业产品分布的六个典型实训教学项目，每个项目都来源于真实的业务。

本书不仅可作为高等职业院校、本科院校、中等职业学校国际贸易、国际商务、商务英语等财经类专业学习国际商务实务的配套用书及学生操作与实训用书，也可作为各类涉外考证用书和涉外企业业务人员培训用书，同时也适用于有志从事进出口贸易、国际物流、商务英语等相关工作的人士。

本课程提供数字课程的学习，包含实训室建设规划方案及建成后的实物图片、典型业务实训全过程演示视频、外贸从业人员授课录像、进出口业务综合实训课程标准、实训项目答案等资料和素材的课程资源库已基本建成，资源共享课程网站正在建设完善之中，欢迎读者在此期间来电来函索取相关教学资源（联系方式见前言）。

图书在版编目（CIP）数据

进出口业务综合实训/朱玉赢主编．—北京：机械工业出版社，2015.2（2024.7 重印）
“十二五”职业教育国家规划教材　高职高专经济贸易类专业系列教材
ISBN 978-7-111-49279-5

Ⅰ．①进…　Ⅱ．①朱…　Ⅲ．①进出口业务—高等职业教育—教材　Ⅳ．①F740.4

中国版本图书馆 CIP 数据核字（2015）第 023919 号

机械工业出版社（北京市百万庄大街 22 号　邮政编码 100037）
策划编辑：孔文梅　　责任编辑：张　亮
责任校对：乔　晨　　责任印制：单爱军

北京虎彩文化传播有限公司印刷

2024 年 7 月第 1 版第 6 次印刷
184mm×260mm・15.5 印张・372 千字
标准书号：ISBN 978-7-111-49279-5
定价：45.00 元

电话服务　　网络服务
客服电话：010-88361066　　机　工　官　网：www.cmpbook.com
010-88379833　　机　工　官　博：weibo.com/cmp1952
010-68326294　　金　书　网：www.golden-book.com

机工教育服务网：www.cmpedu.com

前　　言

国际贸易是一个实践性很强的专业，其专业内容仅仅依靠课堂理论教学难以让学生充分地领会和掌握，这就需要相关专业的学生在学习完本专业的主要课程后，对各种不同的贸易方式、成交条件、结算方式的交易流程都能有一个系统的训练。

基于解决这一问题的需要，我们南京工业职业技术学院国际贸易专业在专业人才培养方案中增设了进出口业务综合实训课程，让学生在学习完相关的专业知识后，通过在校内搭建的具备实践性、应用性、综合性的仿真外贸业务环境中，扮演外贸业务中的不同角色，按照实际业务的操作流程模拟进行进出口业务的实践演习，完成外贸业务各环节的相关操作，使学生身临真实环境、整合学过的各门单科知识、解决实际问题，从而全面提升专业学生的综合职业能力，为即将进行的顶岗实习和社会就业做准备。

该综合实训课程目标得以实现的关键在于实训项目的精心编写及有效组织。为此，我们抽调有丰富外贸实践经验的双师型老师组成专门项目开发团队，深入实训基地单位跟踪典型业务操作进程，并将其转化成可在校内实训的、过程可控的六个典型实训项目。这六个项目覆盖了各种进出口流向、成交条件、结算方式、监管条件、行业产品分布。在编写完后，再由团队老师和来自外贸行业、企业的专家对项目的内容和项目的组织实施进行论证，保证了实训项目内容的真实性、可控性和实训安排的有序性。自 2008 年 9 月开始，这六个项目一直以校内讲义的形式供学生试用，学生反响热烈，实训效果良好。

本书秉持全过程模拟真实业务环节实训的原则，有如下创新和特色：

1．实践性。本书通过借助于高度仿真的外贸业务环境和实际业务中必须使用的申报软件，让学生按照实际需要模拟每一个业务环节的操作，具有很强的仿真性、实践性。

2．综合性。从职业技术能力方面考虑，我们开发出覆盖各种进出口流向、成交条件、结算方式、监管条件、行业产品分布的六个典型项目，实训内容全面，综合性强。在实训项目的环节设计上考虑周到；在实训的组织上，注重学生操作能力和社会能力的培养，有助于专业学生综合职业能力的全面提升。

3．实时性。将《2010 年国际贸易术语解释通则》《协会货物条款》以及我国出口收汇核销制度改革等国际贸易领域最新变化反映到本书中。

4．先进性。体现以学生为主体的“项目引导，任务驱动，学做合一”的教学模式。

5．活页装订。为方便学生在不同业务环节使用相关单证，本书所有实训用单证单面印刷，活页装订。

本书可作为高职高专、本科、中等职业技术学校国际商务专业学生的操作与实训用书，也可作为涉外各类考证和相关涉外企业业务人员培训用书，同时还适用于有志从事进出口贸易、国际物流、商务英语等相关工作的人士。

本书由朱玉赢老师总体策划、拟定大纲，并最后定稿。其中第一章、第四章的项目二及第五章由朱玉赢老师负责撰写；第三章中的项目一和第四章中的项目一由广银芳老师负责撰写；第三章中的项目二由秦社华老师负责撰写；第三章中的项目三由郭晓晶老师负责撰写；第二章由南京应天职业技术学院芮琳琳老师负责撰写；江苏省商务厅综合处夏网生博士、常州信息职业技术学院孙国忠老师、江苏南光集团王海澄董事长、中外运长江公司南京分公司吴健总经理也参与了该项目的研讨和设计；全书由江苏省出入境检验检疫局科技处李广瑞研究员主审。在此一并向一直支持我们课程建设的夏网生处长、李广瑞处长以及王海澄董事长表示衷心的感谢。同时，我们的课程改革正在深入进行中，不当之处在所难免，我们真诚地欢迎全国同行、企业专家、各位读者及同学们提出宝贵意见，帮助我们斧正本书当中出现的不足之处。

为方便教学，本书实训答案等教学资源。凡选用本书作为教材的教师均可索取，咨询电话：010-88379375，QQ：945379158。

课程团队负责人：朱玉赢

目　录

第 1 章

进出口业务综合实训概述

1.1 进出口业务综合实训的目的

职业技术教育有别于学历教育，其目标是培养适应生产和服务一线需要的高等技术应用型人才，使学生在校期间掌握从事实际工作所需的技能，实现学校能力培养与用人单位所需能力的零距离对接。

国际贸易是一个实践性很强的专业，其专业内容仅仅依靠课堂教学难以让学生充分地领会和掌握，这就需要相关专业的学生在学习完本专业的主要课程后，对各种不同的贸易方式、成交条件、结算方式的交易流程都能有一个系统的操作训练。但目前大多数高校都不能为国际贸易专业学生提供这样的系统训练，原因主要有以下两点：

（1）由于可能会涉及商业秘密、学生实习不能给企业带来效益等原因，一般的外贸企业都不欢迎学生去实习，造成国际贸易专业的学生实习难。

（2）即使学生去一家外贸企业实习，但由于各外贸企业的性质不同，外贸业务的种类也会有一定的局限性。如在纯贸易型的外贸企业，很难碰到来料加工方式的运作，这就使得学生在实习时也只能就某种单一的贸易方式进行实习。

基于解决上述问题的考虑，我们有必要在专业人才培养方案中增设进出口业务综合实训课程，让学生在学完相关专业课程后，通过在校内搭建的具备实践性、应用性、综合性的仿真外贸业务环境，扮演外贸业务中的不同角色，按照实际业务的操作流程模拟进行进出口业务的实践操作演习，完成外贸业务各环节的相关操作，使学生身临真实环境、面对实际问题、整合学过的各门单科知识，从而全面提升专业学生的综合职业能力，为即将进行的顶岗实习和社会就业做准备。

1.2 进出口业务综合实训的条件要求

开设这样一门综合实训课程，必须具备三个条件：高度仿真的外贸业务职场环境，集各个 B2G 流程于一体的申报软件，典型进出口业务项目及相关作业文件。

1．高度仿真的外贸业务职场环境

企业环境为职业能力培养提供充分条件，某些不易言传的经验及应变方法，特定的职业素质，只有在具有真实性、先进性和复杂性特征的职业生产环境的实际体验中才能形成。要想使学生系统、全面、规范地掌握进出口贸易各个环节的操作技能和操作方法，营造高度仿真的外贸业务职场环境是必不可缺的教学条件。仿真职场环境如图 1-1 所示。

谈判室及样品间

进出口部

综合审批中心

进出口业务综合实训中心全景

图 1-1　仿真职场环境

2．集各个 B2G 流程于一体的申报软件

在实际工作中，不同的外贸业务环节中都会有一个企业通过中国电子口岸等软件平台向外汇管理局、海关等政府部门进行网络申报（即 B2G）的流程，而这样的平台是不向高校开放的，只有经有关机构批准许可的真实企业才可使用。在实训过程中，我们也需要一个这样的申报软件做配合，只有通过这样的申报软件，我们才能给学生提供一个与实际业务操作完全相同的业务环境。

3．典型进出口业务项目及相关作业文件

国际贸易业务专业性强，涉及的国际操作规则众多，政策变化快，若贸易方式、成交条件、货款结算方式不同，其业务流程迥异，操作程序十分复杂，各类单证种类繁杂，各种风险和不确定性因素也很多。要想使学生对各种不同的交易流程都能有一个系统的操作锻炼，其职业技术能力、方法能力和社会能力都得到全面提升的话，实训的内容就必须进行全面设计。

1.3　进出口业务综合实训的条件建设

自 2007 年至 2008 年，南京工业职业技术学院国际贸易专业以国家首批示范性高职院校特色专业建设为契机，在对本课程所培养的能力、素质要求和作业环境进行系统分析的基础上，对课程所需要的条件进行了规范化建设。

1．高度仿真的外贸业务职场环境

一笔进出口业务的进行往往要经过市场调研、交易磋商、合同履行等业务过程，为此，我们建成了一个 400 多平方米的国际贸易综合实训中心，该中心设有贸易洽谈室、样品展室、进出口部、总经理室，以及设有商检、海关、银行、保险公司、货代、船公司等近 20 个部门工位的进出口业务综合服务大厅，为提高实训的仿真性、可操作性，我们还配置了必要的办公设备，认真进行了职场环境布置，如进出口部我们配有写字楼用的办公桌椅、打印单证用的打印机、学生交易磋商时用的电话、传真机，相应的工位墙上有进出口部业务员工作职责等，强化了实训环境的功能化、职场化布置。

2．集各个 B2G 流程于一体的申报软件

与专业软件公司合作，对所有外贸合同履行过程中涉及的申报、监管软件进行调研，了解其数据需求与功能实现，使得研发出来的申报软件从使用界面到多部门数据共享与实际业务中使用的软件一模一样，具体包括中国电子口岸系统、H2000 申报系统、九城报检系统软件等。经过历时一年多的调研及磨合开发，成功开发出集申领许可证、产地证，以及报检、报关、收付汇核销退税等各个 B2G 流程于一体的申报软件。

3．典型进出口业务项目及相关作业文件

该综合实训课程目标得以达成的关键在于实训项目的精心编写及有效组织。为此，我们抽调有丰富外贸实践经验的双师型老师组成专门项目开发团队，深入实训基地单位跟踪典型业务操作，并将其转化成可在校内实训的、过程可控的涵盖各种进出口流向、成交条件、结算方式、监管条件、行业产品分布的 6 个典型教学项目（3 个一般贸易出口项目、2 个一般贸易进口项目及 1 个来料加工项目）。在编写完后，再由团队老师和来自外贸企业的专家对项目的内容、项目的组织实施以及项目的教师指导手册、学生手册、项目任务书、实训课程教学标准等作业文件进行论证，保证了实训项目内容的真实性、可控性和实训安排的有序性。

当然，此处介绍我们关于外贸业务职场环境建设的做法只是供大家参考，各院校可根据自己的情况删繁就简。简单一点的，可以以机房加普通教室兼做实训场地，在课桌上配上席卡以示为工位柜台。更简单一点的，连软件申报的操作也可省去。而关于申报软件，市场上现已有相关的软件销售，如本校教师自己研发的话，建议最好能找寻有一定国际贸易基础知识的软件公司开发人员合作，这样，在需求和功能实现之间可以有较好的沟通。

1.4　进出口业务综合实训的课程安排及组织实施建议

1.4.1　课程安排

（1）本课程最好能安排在第五学期，即学生学完专业课程之后顶岗实习之前，时间约 3～4 周。

（2）本课程开始之初，建议邀请企业专家进行为期两天的方法能力、社会能力培训，其后按序进行具体项目实训。

1.4.2　课程各项目组织实施

每个实训项目大致按这样的流程进行组织实施：下发任务书——项目实施指导——项目实施——项目点评。

1．下发任务书

实训项目指导老师应在学生实训开始前一周提前将任务书纸质材料或电子稿通过校园网发放给实训班级，让学生熟悉项目内容，提前查阅有关产品主要销售市场、价格行情、进出口国贸易管制条件等贸易背景资料，进行成本核算，做到心中有数，为实训时的交易磋商做好准备。

2．项目实施指导

项目正式实施时，指导老师先对该项目的分组安排、角色分配、实施要求及必要的注意事项作布置说明，建议按项目轮流安排不同组的同学扮演海关、商检、外管局等公共服务性工位上的业务审批人员，但要考虑到审批只是他们的义务工作，他们仍应该完成所服务的项目，因为，毕竟每个项目的审批环节就那么几步，而且，所花费的时间也不多，如果每个项目都留几个同学专职只做审批工作，那么，在该项目实训期间，这些同学大部分时间都无事可干，实训的效率就会降低，效果就不尽如人意。

3．项目实施

参与实训的每一位同学，包括扮演业务审批人员在内的所有同学都要按照实际进出口业务流程要求，在合同履行的不同环节，根据需要扮演外贸业务员、单证员、报检员、报关员、国际货运代理员，进入各自指定角色工位，独立完成整笔项目的全部相关操作，完成项目规定任务。以 L/C 结算方式出口业务为例，进行如下操作：

（1）客户询盘。一般在客户下 Purchase Order 之前，都会有相关的 Order Inquiry 给业务部，做一些细节上的了解。

（2）报价。业务部及时回复客人查询，确定货物品名、型号、生产厂家、数量、交货期、付款方式及包装规格等，以 Proforma Invoice 给客户做正式报价。

（3）得到订单。经过洽谈，收到客户正式的订单 Purchase Order。

（4）下生产订单。得到客人的订单确认后，给工厂下订单，安排生产计划。

（5）业务审批。业务部收到订单后，首先做出业务审核表，按“出口合同审核表”的项目如实填写，尽可能将各种预计费用都列明。合同审批需附上客人订单传真件，审核表要由业务员签名，部门经理审批，再交管理部门人员审核后才能执行。如金额较大的，或有预付款和佣金等条款的，要经公司总经理审批才行。合同审批之后，制成销售订单，交给部门进程员跟进。

（6）下达生产通知。业务部在确定交货期后，满足下列情况可下达生产通知，通知生产部门按时生产。L/C 付款的客户，业务部通常是在交货期前 1 个月确认 L/C 已经收到，收到 L/C 后应由业务员和单证员分别审查信用证，检查是否存在错误、交货期能否保障以及其他可能的问题，如有问题应立即请客户改证。同时，要复印一份给财务，以便财务及时和银行联系。

（7）验货。在交货期前一周，要通知公司验货员验货。如果客人要自己或指定验货人员来验货的，要在交货期一周前，约客户查货并将查货日期告知计划部。如果客人指定由第三方验货公司或公证行等验货的，要在交货期两周前与验货公司联系，预约验货时间，确保在交货期前安排好时间。确定后将验货时间通知工厂。

（8）制备基本文件。基本文件主要包括生产部门（生产商）提供的装箱资料，单证员制作出口合同、出口商业发票、装箱单等文件。

（9）商检。如果是国家法定商检产品，在给生产部门下订单时要说明商检要求，并提供出口合同、发票等商检所需资料。而且要告诉生产商将来产品的出口口岸，便于办理商检。

（10）租船订舱。如果跟客人签订的合同是 FOB CHINA 条款，通常客人会指定运输代理公司或船公司。应尽早与货代联系，告知发货意向，了解将要安排的出口口岸、船期等情况，确认生产部门的交货期能否早于开船期至少一周以前，以及船期能否达到客人要求的交货期。应在交货期两周之前向货运公司发出书面订舱通知，通常在开船一周前可拿到订舱纸。

如果是由卖方支付运费，应尽早向货运公司或船公司咨询船期、运价、开船口岸等。经比较，选择价格优惠、信誉好、船期合适的船公司，并由业务员通告给客人。如客人不同意时要另选客人认可的船公司。开船前两周书面订舱，程序同上。

如果货物不够一个小柜，需走散货时，向货代公司定散货舱位。拿到入舱纸时，还要了解截关时间、入舱报关要求等内容。

向运输公司订舱时，一定要传真书面订舱纸，注明所定船期、柜型及数量、目的港等内容，以避免差错。

（11）安排拖柜。货物做好并验货通过后，委托拖车公司提柜、装柜。应选择安全可靠价格合理的拖车公司签订协议长期合作，以确保安全及准时。要给拖车公司传真以下资料：订舱确认书、船公司名称、订舱号、拖柜委托书、注明装柜时间、柜型及数量，装柜地址、报关行和装船口岸等。如果有验货公司看装柜，要专门声明，不能晚到，并要求拖车公司回传一份上柜资料，列明柜号、车牌号、驾驶员及联系电话等。

（12）委托报关。在拖柜的同时将报关所需资料交给合作报关行，委托出口报关及做商检通关换单。通常要给报关行留出两天时间（船截关前）。委托报关时，应提供一份装柜资料，内容包括所装货物及数量、口岸、船公司、定舱号、柜号、船开截关时间、拖车公司、柜型及数量、本公司的联系人和电话等。

（13）获得运输文件。最迟在开船后两天内，要将提单材料内容传真给船运公司或货运代理。材料要按照 L/C 或客户的要求来做，并给出正确的货物数量，以及一些特殊要求等，包括要求船公司随同提单开出的船证明等。督促船公司尽快出提单样板及运费账单。仔细核对样本无误后，向船公司书面确认提单内容。如果提单需客户确认的，要先传真提单样本给客户，得到确认后再要求船公司出正本。及时支付运杂费，付款后通知船公司及时取得提单等运输文件。支付运费应做登记。

（14）准备其他文件：

商业发票：L/C 要求提供的文件中，对商业发票要求最严格。发票的日期要确定在开证日之后、交货期之前。发票中的货物描述要与 L/C 上的完全相同，小写和大写金额都要正确无误。L/C 上对发票的条款应显示出来，要显示唛头。如果发票需办理对方大使馆认证，一般要提前 20 天左右办理。

FORM A 原产地证书：FORM A 原产地证书要在发货之前到检验检疫局申办。需注意的是运输日期要在 L/C 的交货期和开船日之前、发票日期之后。未能在发货之前办理的，要办理后发证书，需提供报关单、提单等文件。

一般原产地证：一般原产地证可在国际商会办理，要求低一些。可在发货之后不太长的时间内补办。如果原产地证书要办理大使馆加签，也和发票一样要提前 20 天左右办理。

装运通知：一般是要求在开船后几天之内，要通知客户发货的细节，包括船名、航班次、开船日、预计抵港日、货物及数量、金额、包装件数、唛头、目的港代理人等。有时 L/C 要求提供发送证明，如传真报告书、发函底单等，注意按客户要求的时间内办理。

装箱单：装箱单应清楚地表明货物装箱情况。要显示每箱内装的数量、每箱的毛重、净重、外箱尺寸。按外箱尺寸计算出来的总体积要与标明的总体积相符。要显示唛头和箱号，以便于客人查找。装箱单的重量、体积要与提单相符。

（15）交单。L/C 收汇的，应在规定的交单时间内，备齐全部单证，并严格审单，确保没有错误，才交银行议付。交单后，要及时通知财务，以便财务督促及时收汇，核销及出口退税。

（16）业务登记。每单出口业务在完成后要及时做登记，包括电脑登记及书面登记，便于以后查询、统计等。

（17）文件存档。所有的文件、L/C 和议付文件必须留存一整套以备查用。

（18）单证员平时应注意收集运价变动、船期、航线等信息，为业务员报价提供帮助。

4. 项目点评

在项目实施过程中，老师每个实训项目完成后，由指导老师对整个项目的完成情况进行讲评。

在实训期间，我们除邀请实习基地单位的专家来学院对学生就人际交往、协商沟通、团队合作等方面能力进行训练外，还安排每天进行晨会，要求学生实训时按照给定的角色佩带工卡、在指定工位入座，并要求有与所扮演角色身份相符的、恰当的言行举止，注意办公环境卫生等，并且每个学生在不同的项目中要进行角色轮换。这样，使学生在掌握专业知识的基础上，提早对外贸企业的实际业务运作管理也有所认知，从而提升学生的职业技术能力，完成岗位工作的方法能力，以及人际交往和协调沟通能力、良好的心理素质和克服困难与挫折等社会能力。

1.5 进出口业务综合实训的考核

学生参加综合实训项目学习的成绩等由单项考核与实训报告两部分相结合给出。

单项考核：子项目实训结束时，实训指导教师着重考查学生在实训过程中的表现，并根据业务操作与作业文件提交的齐全与规范程度、有关电子申报的规范程度、单证完成的质量、项目答辩思路、语言表达等给予评定，结合组内同学互评、相关部门评定以及网上申报给出单项总评。

实训报告：所有单项实训结束后，学生应按规定提交个人实训报告，实训报告包括实训项目全面描述、主要岗位任务、个人总结和自我评定等，实训指导教师评定学生的实训报告应从格式的规范性、文字的工整性、内容的实质性和思路的正确性等方面进行考核。

综合评定：根据单项考核与实训报告两方面成绩，按规定要求给出学生进出口业务综合实训的综合评定成绩。

否定项：旷课一天以上、违反教学纪律三次以上且无改正、发生重大责任事故、严重违反校纪校规。

实训子项目任务完成情况考核表

实训子项目任务名称：

学生姓名：____________学号：____________班级：______________　　_____年____月____日

任务内容		完成情况（每项内 0～*n* 为得分区间，右侧框内填实际得分），全部满分为 100 分								
序号	任务名称	工作态度/独立主动		团队意识/协调能力		沟通能力/方法能力		单证制作及业务操作能力		小计
1	项目资讯和计划	0～1		0～1		0～2		0～6		
2	项目审批	0～1		0～1		0～4		0～4		
3	对外磋商和签约	0～1		0～1		0～2		0～6		
4	审证或对外开证	0～1		0～1		0～2		0～6		
5	租船订舱	0～1		0～1		0～2		0～6		
6	报检	0～1		0～1		0～2		0～6		
7	报关	0～1		0～1		0～2		0～6		
8	办理保险/换取提单	0～1		0～1		0～2		0～6		
9	办理结汇或付款	0～1		0～1		0～2		0～6		
10	善后及资料归档	0～1		0～1		0～2		0～6		
	综合评定									

评定意见：

考核人签字：　　　　　　年　　　月　　　日

学生反馈意见：

学生签字：　　　　　　年　　　月　　　日

进出口业务综合实训课程成绩综合评定表

学生姓名：____________学号：____________班级：____________　　_____年____月____日

考核项目名称	子项目名称	成绩评定
实训业务操作	项目 1　出口女式套装（CIF D/P）实训项目（15 分）	
	项目 2　出口铆钉（FOB L/C）实训项目（10 分）	
	项目 3　出口毛绒玩具（CFR T/T）实训项目（10 分）	
	项目 4　进口冷轧不锈钢带材实训项目（CIF L/C）（15 分）	
	项目 5　进口喷气织机实训项目（FOB L/C）（10 分）	
	项目 6　来料加工实训项目（15 分）	
出勤情况（5 分）		
综合实训报告（20 分）		
综合评定		

第 2 章

进出口业务综合实训规范

2.1 国际商务接待礼仪规范

礼仪是通向现代市场经济的“通行证”。商务接待时的着装得体、拜访时的落落大方、交往时的彬彬有礼，这些“细节”背后折射的是一个企业的文化素质和精神追求。在商务接待过程中，要注意衣、食、住、行、访谈、送别等礼仪规范，创造出和谐融洽的气氛，从而有助于商务活动的开展。

1．着装端庄得体，展现精神面貌

正确得体的着装，能体现个人良好的精神面貌、文化修养和审美情趣。

公务场合着装要端庄大方，男士在正式场合应穿着统一面料、统一颜色的套装，内穿单色衬衫，打领带，穿深色皮鞋。衬衫的领子要挺括，不可有污垢、油渍。衬衫下摆要塞进裤子里，系好领口和袖扣，衬衫领口和袖口要长于西服上装领口和袖口 1～2 厘米，衬衫里面的内衣领口和袖口不能外露。领带结要饱满，长度以系好后大头垂到皮带扣为宜。穿西装一定要穿皮鞋，鞋的颜色不应浅于裤子。

女性在较为正式的场合，应选择正式的职业套装；穿裙子时，袜子的颜色应与裙子的颜色相协调，年轻女性的短裙至膝盖上 3～6 厘米，中老年女性的裙子要及膝下 3 厘米左右，袜子口避免露在裙子外面。鞋子要舒适、方便、协调而不失文雅。女性站立时双腿要基本并拢，脚位应与服装相适应。

2．餐饮安排恰当，尊重客户习惯

客户来访期间，要主动安排客户的就餐，不同国家餐桌礼仪可能会有所不同，所以一定要预先了解客户的国家、爱好、兴趣、宗教信仰等。如客户是西方人，最保险的是西餐，大酒店自助餐也是不错的选择。

选择餐厅时，要询问客户想去什么样的餐厅就餐，餐厅不一定要豪华，但是一定要干净卫生。如选择中餐，尽量避免特色菜，防止出现冷场、尴尬局面，另外要注意公筷的使用，不可强行劝酒；如进入高级餐厅，应等候带位，不可自行就座，最好能事先订位。席间谈话应该是轻松自然的，可以谈工作，也可以谈其他，可根据客人的兴趣顺其自然，不必刻意拘束。

3．提前确认酒店，及时通知客户

客户来访之前，要确认客户是否需要公司提供酒店。如需提供，要和客户确定酒店星级、房间类型、房间位置及包含设施等细节，要对酒店实地查看后方可确认预订。酒店位置应在便利之处，如工厂或机场附近等。如客户不需提供酒店，则可根据客户要求，提供信息，协助预订，确定后通知客户确认。

4．行程安排恰当，礼貌热情周到

如果了解并确认了客户的来访时间，要准时到机场接机。接机时，要拿接待牌提示客人。客户上车时，要主动打开车门，待客人坐稳后再上车，关门时切忌用力过猛。一般以车的右门为尊，所以应先开右门，陪同客人时，要坐客人的左边。在车上和客户所聊话题可以是轻松愉快的，比如询问客户旅途状况，简单介绍城市特色、文化特点等，让客户有种宾至如归的感觉。如果已经确定好行程，则按照行程安排访问，如果没有事先商量好，可以在车上询问客人的行程打算，根据客户的要求，具体安排。如果客户累了，则先把客人送到预定的酒店。一般是先接送至酒店后，将访问的行程和相关资料等文件交给客户，敲定第二天参观访问事项，第二天准时至酒店接客户。不同国家的客户对时间的观念会有不同，一般提早 10 分钟在酒店大堂等候为佳。

5．访谈互信互利，不可情急失礼

在访谈过程中，可安排专人记录会议内容，如果第一次接触，应安排多媒体会议室，双方可以用投影幻灯对各自的企业进行介绍。访谈的基础是互信互利，在保证自己盈利的基础上想办法为客户盈利是非常重要的。访谈过程中切忌一问三不知，报价时要明确无误，恪守信用，不欺骗对方。在谈判中报价不得变幻不定，对方一旦接受价格，即不再更改。事先要准备好有关问题，选择气氛和谐时提出，态度要开诚布公。言辞不可过激或追问不休，要注意保持风度，心平气和，求大同，存小异。发言措辞应文明礼貌，以免引起对方反感甚至恼怒。对于原则性问题，要保持耐心、冷静，力争不让，不可因情急而失礼。

6．赠礼送别客户，不忘发函感谢

访问结束时可以送给客人一些小礼物，“投其所好”是赠送礼品最基本的原则，馈赠礼品时要尽可能考虑收礼人的喜好，如不了解对方喜好，稳妥的办法是选择具有民族特色的工艺品，礼物不需要太贵重，代表心意即可，赠礼的方式一般以面交为宜。

行程结束后根据客户的需要，可送酒店或送机场，在飞机起飞前，应给客户打电话道别。客户离开后，要及时发一封感谢函感谢其来访，一是问候，二是将本次访问双方达成的共识发给客户，敦促这个项目的执行。

2.2　职场人际交往规范

人际关系是职业生涯中一个非常重要的课题，每个职业人都处在错综复杂的社会大环境里，需要在敏感的人际关系中调整好自己的坐标。人际交往是一门艺术。在与人交往的过程中，同样的目的，不同的实现方式，往往会导致天壤之别的结果，为了使人际交往活动达到预期的最佳效果，要做到以下几点：

1．处理好与领导的关系

上下级关系本质上是一种相互依存、相互成全的关系，上级需要通过下级来达到他的管理目标，同时下级也需要领导的青睐和提携来实现自己的职业发展目标。这种关系的经营与管理不仅仅取决于领导，更重要的是自己主动去改善这种关系。任何一个领导，他们丰富的工作经验和处事方略，都值得我们学习和借鉴，所以我们应该尊重他们，积极配合领导工作，对领导的职场历练保持敬意。然而每一个上司都不是完美的。在工作中，不唯上司是从，在尊重的前提下提出自己的建议和意见，有礼有节有分寸地磨合，要让上司心悦诚服地接纳你的观点。把握好上司的性格特征和行为习惯，有针对性地改变自己的工作习惯和思路，积极寻求平衡的相处之道。

2．处理好与同事的关系

对工作我们要有热情，对同事则必须选择慎重地支持，一味地支持只能导致盲从。在发生误解和争执的时候，一定要换个角度，换位思考，不背后议论和指桑骂槐，否则，最终只会在贬低对方的过程中破坏自己的大度形象。在职场中不要过多地依赖别人，要做到独立、自主，给同事们留下干练的形象，大大提高自己在同事心目中的可依赖度。总的来说，与同事相处，应把握三点原则：多一点沟通，少一点矛盾；多一点了解，少一点敌对；宽一点心胸，少一点牢骚。

3．处理好与竞争对手的关系

在我们的工作生活中，处处都有竞争对手。竞争对手就像是一面镜子，可以照出我们自己的不足。当你超越对手时，不必沾沾自喜，蔑视人家，因为别人也在寻求上进；当别人超越你时，你也不必存心添乱找茬，否则会拉大彼此间的隔阂，制造紧张气氛，对工作有百害而无一利。你更不必闷闷不乐，因为强中自有强中手，要摆正心态，虚心向别人请教学习。这种亦敌亦友的关系非常微妙，要妥善经营，否则一不小心可能就酿成大错，给自己的职业生涯带来危机。

4．处理好与客户之间的关系

要处理好和客户的关系，首先就要了解客户的需求，如果你没有真正了解客户的需求，就不能快速、准确地切入主题。在交谈过程中要学会倾听，向客户解释所表达的意思或者请教客户我们的理解是否正确。这样既表达了对客户的尊重，又表达了自己的真诚。只有通过充分交流，才能精准地满足客户的需求，提升自己的服务档次。

5．处理好与政府主管部门之间的关系

行政主管部门依法履行职责，作为外贸工作人员，要谨慎处理好与海关、检验检疫等政府部门的关系，因为，这种关系的好坏将可能直接决定你的业务能否顺利开展。

要处理好与政府主管部门之间的关系，就要主动同行政主管部门沟通联系，了解他们的相关管理制度和工作程序，服从他们的管理，只有服从管理，才能得到他们的认同，才有可能获得支持。关系处理好了，在工作中偶尔犯些错误，也能得到他们的理解和帮助。

总之，在职场中，我们要做到以下几点：换位思考、平等待人、学会分享、欣赏他人、乐于付出、待人以诚、持之以恒，这些准则都能使我们在职场中建立更加和谐的人际关系。曹雪芹的“世事洞明皆学问，人情练达即文章”告诉我们：要做事，先做人。

2.3 进出口业务实训操作规范

关于接待礼仪方面的书籍很多，以上只是对即将迈入职场的你做一个简单的提醒，为进一步提升自己适应工作、适应社会的能力，在实训过程中，我们就要把自己假想成置身职场的员工，遵守以下操作规范：

（1）每天按时到达实训场所，做到不迟到、不早退、不旷课。

（2）按照实训老师的卫生值日安排，做好实训场所的清洁工作。

（3）在做好集体卫生的同时，也要注意保持本人办公场所的干净、整洁，办公桌上不得放置文具、办公用品之外的其他物品，要摆放有序，否则，会给人以脏、乱、差的感觉。

（4）在实训过程中，要有与所扮演角色身份相符的言行举止。如去海关窗口办理业务申报时，不能认为扮演关员的是你的同学而随随便便、嬉戏打闹、直呼其名。在实际工作中，一般机关工作人员有职务的我们尊称其职务，无职务的，我们则一般称其为老师，以示尊重。再比如，当我们去找扮演老总的同学签字时，进门前应先敲门，得到应答后再进去。在递交待审批文件之前，要将所报事宜做一个简单的口头陈述，如“陈总您好，××公司有意向购买我公司的××产品，我草拟了一份合同，请您审批”等，让老总对所审批事宜有个大概的了解，做到心中有数。这样，才能真正做到高度仿真训练，为以后的工作打下基础。

（5）要按时完成当天的实训任务，实训任务就是我们实训期间的工作，不能打折扣，如同工作不能拖沓一样。如果实训过程中遇到问题可与同学讨论解决，也可请教老师，这就如同实际工作中遇到解决不了的问题需要向主管领导汇报一样，克服工作中的困难，及时解决问题，干好自己的工作。

（6）每天实训结束后，应作自我总结和反思，并计划一下第二天的实训内容，使得第二天的工作能顺利、有序地开展。

第 3 章

出口业务实训

3.1 出口女式套装（CIF D/P）项目

3.1.1 实训目标

本实训项目从出口交易磋商开始，仿真训练国际贸易中的出口成本核算、交易磋商与签约、合同履行、对外收取货款以及业务善后等环节中各项具体操作及单证的制作、办理。通过本项目训练，使学生系统、规范、全面地了解以 CIF 为成交条件、D/P 结算方式下出口商品的贸易流程，熟练掌握出口业务的全过程操作。

3.1.2 实训要求

参加综合实训的学生，应在该项目实训开始前，回顾以 CIF 为成交条件、D/P 结算方式下的出口工作程序，通过互联网了解人纤制女式套装的款式、主要出口市场及国际市场价格，查阅最新《中国海关报关实用手册》（海关总署政策法规司）等资料，了解人纤制女式套装的 HS 编码、海关监管条件、检验检疫类别、出口退税率等通关管制政策，制定本出口业务的操作流程，完成本出口项目操作。

指导教师应具备出口操作的理论知识和实际工作经验，可以根据项目的要求担任部门经理，主要负责指导、组织、监测具体实训过程和过程考核，有的放矢地根据学生在仿真操作中出现的错误和问题进行修正和讲解，帮助学生解决实训中出现的其他问题，控制实训进度；同时可作为相关部门（国内生产商、海关、出入境检验检疫、商务部门、银行及有关管理部门）的办事人员审核相关事宜及证件，以及项目结束后的总结点评和项目考核等。参加综合实训的学生，应按照本实训所涉及的出口业务环节进行角色扮演，完成项目指定的各个实训任务，并注意业务流程的正确性、规范性和系统性。

3.1.3 实训项目介绍

1. 业务背景

出口商南京百丽服装进出口有限公司（NANJING BELY GARMENT IMP & EXP CORP. LTD.，以下简称“百丽公司”）是名牌服装企业，专业从事各类服装和纺织品的进出口业务，总资产 1 500 万元，年进出口额超过 1 000 万美元。公司的主要产品是精品衬衫、工装制服、女式套装，拥有一流的现代化生产厂房和缝制设备，年产服装 100 万件。

公司自 1996 年创建以来，形成了自身独有的市场网络，生产的各式服装造型高雅、做工精良、面料考究，深受广大消费者喜爱。良好的商誉、可靠的质量和优质的服务使公司客户遍布世界各地。公司的发展目标是：争创中国和国际服装名牌，把企业建设成与时代共同进步的优秀企业。为增强企业竞争力，拓展国际市场，公司于 1999 年通过 ISO9002 国际质量体系认证。

百丽公司在海关登记注册的经营单位编码是 3201961111，国家质量监督检验检疫总局（以下简称质检总局）核发的组织机构代码为 320122222，在质检总局注册登记的报检单位登记号为 3208887788，工商局核准的生产单位注册号为 QS3203500320。

公司董事长尹光，其他业务人员及其分工情况分别为：业务员张明亚，制单员王月月，报检员李大发，产地证有权签字人李花花。

公司名称：南京百丽服装进出口有限公司

NANJING BELY GARMENT IMP & EXP CORP. LTD.

公司地址：南京市仙林大学城羊山北路 1 号 5 幢 3 楼（邮编 210046）

5-307, 1 NORTH YANGSHAN RD. XIANLIN CAMPUS CITY, NANJING CHINA, 210023

业务电话 TEL.：86-25-85862140

电传 TELEX：123456

传真 FAX：86-25-85862147

电子邮件 E-mail：1996100159@niit.edu.cn

网址：http://www.icourses.cn/coursestatic/course_2408.html

进口商 IRVING GARMENTS CORPORATION LTD.（以下简称 IRVING 公司）是纽约专门从事服装贸易的企业，长期经营各种进出口服装的销售业务，在美国国内市场有较为广泛的销售渠道。ABC CO.公司是美国纽约的一家生产企业，拥有员工 5 000 多人，其中女职工 2 500 多人。2013 年，ABC CO. 为统一着装，提升企业形象，决定为其员工每人订制一套含裤子在内的工作套装，考虑到 IRVING 公司良好的资信和广阔的国际采购渠道，委托其进口该批服装。

NAME：IRVING GARMENTS CORPORATION LTD.

ADDRESS：50 PARK AVENUE, NEWYORK, N.Y. 65412, USA.

TEL.: 001-3-87654231

FAX: 001-3-87654232

TELEX: 654321

2．业务情况

美国 IRVING GARMENTS 公司接受 ABC CO. 的委托后，即组织业务人员对中国多家服装生产企业进行市场调查，经反复比较后，最终将目标锁定为南京百丽服装进出口有限公司，决定将女装的订单下给百丽公司，并派业务员 JOHNSON 等人于 2013 年 3 月 10 日抵达南京与百丽公司进行谈判。

双方经过艰苦谈判后，IRVING 公司根据谈判结果向百丽公司下了订单，确认订购百丽公司生产的“含裤子的女便服套装（100%聚酯纤维）”，并将有关单据的制作要求通过传真发给了百丽公司，要求百丽公司出具正式的销售合同供其确认。合同签好后，出口业务部相关人员即根据合同组织生产部门打样，在小样寄交 IRVING 公司得到确认后转入批量生产，如期将货装运，并备齐全套结汇单据委托中国银行江苏省分行收款。

女式上装

女式套装

3.1.4 实训任务

任务 1：通过互联网，了解女式套装的主要出口市场、进口国的贸易管制条件及市场价格行情等。

任务 2：请根据有关报价核算资料，进行以下成本核算：

（1）以 20%的毛利率进行成本核算，计算商品的 CIF LOS ANGELES 价。

（2）如果最低毛利润率为 12%，计算商品的 CIF LOS ANGELES 报价。

（3）如果 CIF 报价为 USD16.55/SET，计算出口 2 600 套服装的毛利润率。

提示：计算 CIF 价，基本步骤分为四步，即：第一步，明确商品的价格构成；第二步，核算出口成本；第三步，核算国内费用、国外运费和保费；第四步，计算 CIF 价。

百丽公司业务人员搜集到的该笔业务的有关信息如下。

出口成本：财务部门核算出的每套服装的生产成本为 CNY91.00 元，2013 年 3 月中国输美女式便服套装的出口退税率为 16%。

保险及费率：投保一切险和战争险，按 CIF 价加成 10%计算保险金额，一切险的费率为 0.2%，战争险费率为 0.05%。

海运运费：一个 20′标准箱，从中国运往美国洛杉矶的运费为 USD1500.00，不足一个集装箱，船公司按每立方收取 USD70.00 运费。

签证费：产地证签证费 CNY41.50，货物检验检疫与签证费共计 CNY221.50。

货代收取的费用：报关和文件费 CNY400.00，AMS 费：USD25.00，码头费（THC）USD140.00，港杂费 CNY110.00/M^3。

银行费用：中国银行跟单托收业务手续费收费标准支付如下：

业务类别	收费标准
1. 跟单托收	托收金额的 1‰，最低 200 元，最高 2 000 元
2. 无偿放单	200 元/笔
3. 退单	100 元/笔
4. 异地配单	50 元/笔
5. 修改托收指示	100 元/笔
6. 转让货款划拨	200 元/笔
7. 收汇款原币入收款人账	分行自定
8. 收汇款原币转往同业	分行自定
9. 催收	100 元/笔（应客户要求的非常规催收）

包装情况：26SETS/CTN。

包装尺寸：80×50×35CM/CTN。

毛　　重：25KGS/CTN。

净　　重：23.5KGS/CTN。

货装铝质集装箱，内尺寸为 5 925×2344×2 391MM，内容积为 33.1CBM，载重 19 578KGS。

假设美元的买入价：USD1.00=CNY6.10。

任务 3：请根据报价核算结果，结合所掌握的谈判技巧，用英文与对手进行谈判，磋商合同条款。在谈判过程中，要求必须包含下述内容：

（1）互致问候后，卖方需带领买方考察团参观工厂并做介绍；买方应表现出浓厚的兴趣，做相应的询问。

（2）参观完后，双方再次回到样品间，就买方感兴趣的货号样品（含裤子的女式便服套装，100%聚酯纤维）进行交流，卖方应说出该产品的特点及市场受欢迎度，买方应及时询价，卖方根据询价进行报价，报价应符合一个标准报价的要求，即应包含品名、数量、单价、支付方式和装运期等内容。

（3）双方应分别就价格条款进行一次以上的还价，并最终达成以下规定交易条件：数量 2 600SETS、单价 USD16.55/SET CIF LOS ANGELES、付款条件 D/P AT SIGHT、最迟装运期 2013 年 7 月 20 日等。

任务 4：谈判结束一周后，买方根据谈判结果下了订单，并将单据的具体要求以传真形式发给了百丽公司。请根据买方的订单和传真等文件，结合谈判结果拟制外销合同，报部门主管及分管领导同意后交买方会签。合同号为 BE6GGZ221，日期为 20130321。

美国买方的订单如下：

IRVING GARMENTS CORPORATION LTD.

50 PARK AVENUE, NEWYORK, N.Y. 65412, USA.

TEL.: 001-3-87654231
FAX: 001-3-87654232
TELEX: 654321
EMAIL: guanghzh7074@sina.com

PURCHASE ORDER

NO.: 22222
DATE: MAR.20，2013

DEAR SIRS,

FURTHER TO OUR RECENT DISCUSSIONS THROUGH FAX AND E-MAIL, WE SHOULD LIKE TO PURCHASE FROM YOU OF 2600 SETS OF LADY'S SUIT，AND CONFIRM DETAILS OF ORDERING THE FOLLOWING GOODS:

GOODS：100% POLYESTER LADY'S SUIT

QUANTITY ：2600SETS

UNIT PRICE：USD16.55/SET CIF LOS ANGELES

AMOUNT：USD43030.00

PAYMENT IS TO BE MADE BY D/P AT SIGHT.

THE DELIVERY DATE WILL BE NOT LATER THAN JUL. 20, 2013.

美国 IRVING 公司关于单据制作要求的传真如下：

IRVING GARMENTS CORPORATION LTD.

50 PARK AVENUE, NEWYORK, N.Y. 65412, USA.

TEL.: 001-3-87654231
FAX: 001-3-87654232
TELEX: 654321
EMAIL: guanghzh7074@sina.com

Dear Sirs,

Pls find below the instructions how to issue the Bill of Lading for orders No. 22222 :

1) Bill of Lading in 3 originals and 3 copies , duly signed showing " FREIGHT PREPAID " and freight amount is accepted for documents negotiation.

Consignee: " To order"

Notify: Irving Garments Corporation Ltd.

50 Park Avenue, NewYork, N.Y. 65412, USA.

TEL.: 001-3-87654231 FAX: 001-3-87654232

Partial Shipments: Not Allowed

Transshipments: Allowed

Shipment From: Chinese Port

For Transportation to : Los Angeles, USA.

2) Certificate of Origin in 1 original / 1 copy.

Please send copy of all documents : Invoice, Packing List , C/O, Insurance Policy, Draft and B/L to IRVING GARMENTS CORPORATION LTD. as soon as possible.

Pls confirm receipt of this fax.

Best Regards,

JOHNSON

任务 5：根据外销合同以及业务实际，在组织生产、备妥货源后（本实训略去此环节）填制出口货物明细单、商业发票和装箱单。

任务 6：查询 2013 年“出入境检验检疫机构实施检验检疫的进出境商品目录”，确定出口商品的 HS 编码为“6204230091”，商品名称为“其他合成纤维制含裤子的女式便服套装”，海关监管条件为“B”。根据以上查询结果，确定该编码的商品是否为出口法检商品，如属法检商品，请以报检员的名义，按照网上报检程序填制“出境货物报检单”申请报检，并办理报检手续。

任务 7：结合合同的贸易术语，确定卖方是否需要自付费用办理租船订舱手续。如果需要，请电话联系南京锦程国际货代有限公司（锦程全球订舱中心 GBC，Global Booking Center），委托其办理租船订舱手续和出口报关手续，并将出口货物明细单交锦程货代公司。

任务 8：请以锦程货代公司业务员的名义，填制“海运出口货物托运单”，并至船务代理公司进行订舱。

任务 9：备齐“代理报关委托书”等报关单据交锦程货代公司。

任务 10：请以产地证授权签字人的名义，填写“一般原产地证书申请书”和“一般原产地证书”，按照实际申办流程，申请办理一般原产地证。

任务 11：请以锦程货代公司业务员的名义办理提箱、做箱、送重箱进堆场的手续。

任务 12：请以锦程货代公司报关员的名义，填制“出口货物报关单”并向南京海关办理预录入、现场交单、查验、缴纳税费、放行等报关手续。

任务 13：请以单证员名义，填制“国际货物运输保险投保单”，并向保险公司办理投保、缴费、审核保险单等保险手续。

任务 14：到船公司换取正本提单时请审核提单。

任务 15：请拟制装运通知，并传真给国外买方。

任务 16：请拟制商业汇票。

任务 17：请对全套单据进行审核，并填写“托收委托书”，委托中国银行江苏省分行收款。

任务 18：收款后请书写业务善后函。

任务 19：在收到银行出具的结汇水单后，请准备单据办理退税手续。

任务 20：进行实训总结，并将资料整理后进行归档。

3.1.5　实训用单据

南京百丽服装进出口有限公司

NANJING　BELY　GARMENT　IMP & EXP　CORP.　LTD.

5-307, 1 North Yangshan Rd. Xianlin Campus City, Nanjing China, 210023

出口成本核算单

（此页需学生自行设计表格并填制）

南京百丽服装进出口有限公司

出口合同审核单

商品名称	型号规格	加工工序	加工费	数量	合同金额	交货期	备注

签约报告：

经办人：

年　　月　　日

单　位	意　见	签　名	日　期	单　位	意　见	签　名	日　期
技术部 部　长				进出口部 部　长			
生产部 部　长				公司领导			
财务部 部　长							

	BELY GARMENT	**ORIGINAL**
TELEX：123456	**NANJING BELY GARMENT IMP & EXP CORP. LTD.**	
FAX：86-25-85862147	5-307,1 NORTH YANGSHAN RD. XIANLIN CAMPUS CITY, NANJING CHINA, 210023	

BUYER:			**销售合同**		
ADDRESS:			**SALES CONTRACT**	**NO.:**	
FAX:		**TELEX:**		**DATE:**	

兹经买卖双方同意成交下列商品订立条款如下：

The undersigned Sellers and Buyers have agreed to close the following transactions according to the terms and conditions stipulated below.

订单号 **P.O. NO.**	品名及规格 **COMMODITY & SPECIFICATION**	数量 **QUANTITY**	单价及价格条款 **UNIT PRICE & TERMS**	金额 **AMOUNT**
TOTAL:				

装运期限 **Shipment:**		**允许溢短装** **Quantity More or Less**	
装运口岸 **Port of Loading:**		**目的地** **Destination:**	

付款方式 **Payment:**	☐ D/P AT SIGHT
	☐ By 100% L/C available by draft at sight to be opened in favor of The Sellers 30 days before the month of shipment remaining valid for negotiation in China 15 days after the date of shipment.
保险 **Insurance:**	☐ To be effected by The Sellers at 110% of the invoice value covering All Risks and War Risk as per China Insurance Clause （C.I.C.）.
	☐ To be effected by The Buyers.
特殊条款： **Special Clauses:**	NANJING BELY GARMENT IMP & EXP CORP. LTD. **BANK:　BANK OF CHINA JIANGSU BRANCH** **ACCOUNT: 0250138090010000000**
备注： **Remarks: Without**	
一般条款： **General Terms & Conditions:**	见本合同反面 （Please See Overleaf）

请将本合同的一份签署后退还本公司以备查考　Please sign and return one of the originals for our files.

买方（The Buyers）	卖方（The Sellers）

一般条款

本合同有关内容，除双方另有协议或经卖方同意接受者外，应适用下列条款，买方任何其他合约或订单与本合同内容如有不符，应以本合同规定为准，买方如转售或代理第三者时买方仍应对本合同负完全履行责任。

一、付款及信用证注意事项。

1．除另有规定者外，买方应通过为卖方所接受的第一流银行，开具即期保兑，可分割、可转让及无追索权的信用证。

2．买方应保证信用证最迟在合同规定装运月份前30天送达卖方，否则因此不能按期装运，卖方不负责任，如超过装运期仍未开来，卖方有权取消部分或全部合同并向买方提出索赔。

3．以CFR或CIF成交，买方信用证内不应指定航线，船名及承保保险公司名称。

4．信用证有效期应规定在最后装运日期后至少15天，在中国到期，在信用证金额与数量前应加“大约”字样，以便抵付可能多装或少装部分货物之货款。

5．信用证内应规定允许转船及分批装运。

6．买方应在信用证内注明合同号码。

7．买方所开的信用证内不得加注和变更未经卖方事前同意的任何条款。

二、装运

1．有关船唛之详细说明，买方应在合同规定装运月份前30天寄达卖方，否则卖方可自行决定船唛。

2．商品需在中国任何口岸装运，提单日期即为装运日期。

3．变更目的地，应事先经卖方同意，因此造成的运保费，应由买方负担。

三、保险

除另有规定者外，凡以CIF或CIP成交者概由卖方按发票金额的110%投保，如来证规定货物需转运内陆或其他口岸者，由卖方代保到内陆或其他港口，但此项额外保费应由买方负担。

四、人力不可抗拒事故

如因人力不可抗拒事故而致延期交货或无法交货时，卖方不负任何责任。

五、索赔

索赔应在货到目的地后30天内提出，并须由买方提出充分证明材料供卖方研究，否则不予受理，不属于卖方责任范围以内者，卖方不予受理。

六、仲裁条款

凡因执行本合同或有关本合同所发生的一切争端，双方应协商解决。如协商不能得到解决，应提交北京中国国际经济贸易仲裁委员会根据“中国国际贸易仲裁委员会的仲裁程序暂行规则”进行仲裁。仲裁裁决是终局的，对双方都有约束力。

请买方在收到本合同后即行签署，并将正本一份寄回卖方存查，如本合同到达买方处所后10天尚未签回者，应视为买方已接受本合同所规定之全部条款。

GENERAL TERMS AND CONDITIONS

The Sale specified in this Contract shall be subject to the following terms and conditions unless otherwise agreed upon between the Buyers and the Sellers (irrespective of its date), the provisions of this Contract shall prevail. If the Buyers resell the goods to ,or conclude the transaction as representative of a third party, the Buyers shall still be responsible for the complete performance of all the obligations stipulated in this Contract.

1. Letter of Credit

I. Unless otherwise agreed to by the Seller, payment is to be made against sight draft drawn under a Confirmed, irrevocable, Divisible & Assignable Letter of Credit without recourse for the full amount ,established through a first-class bank acceptable to the Sellers.

II. The Letter of Credit in due form must reach the Sellers at least 30 days before the month of shipment stipulated in contract, failing which the Sellers shall not be responsible for shipment as stipulated; in case the Buyers' credit still fails to reach the Sellers after the expiry of the shipping period, the Sellers shall have right to cancel part or whole of the contract and claim for damage against the Buyers.

III. If transaction concluded on basis of CFR or CIF, the Buyer are requested to refrain from SPECIFYING ANY PARTICULAR SHIPPING LINE NAME OF STEAMER OR INSURANCE COMPANY in the letter of credit.

IV. To facilitate negotiation of the credit by the Sellers, the validity of the Letter of Credit shall be so stipulated as to remain valid for at least 15 days (expiring in China) after the last day of shipment and next to the figures of quantities and amounts in the Letter of Credit, the word "about" should be inserted in order to allow for possible trade margin.

V. The Buyers are to stipulate always in the Letter of Credit that TRANSHIPMENT AND PARTIAL SHIPMENT ARE ALLOWED.

VI. The Buyers are always to state the NUMBER OF THIS CONTRACT in the Letter of Credit.

VII. In the Credit opened by the Buyers, no terms and conditions should be added or altered without the Sellers' consent.

2. Shipment

I. The detailed instructions relative to shipping marks, should be sent by the Buyers to reach the Sellers 30 days before the month of shipment stipulated, otherwise the Sellers shall decide the shipping marks at their discretion.

II. Shipment may be made from any Chinese port, the date of Bill of Lading shall be taken as the date of shipment.

III. Any change of destination should be agreed to by the Sellers beforehand. Extra freight and / or insurance premium thus incurred are to be borne by the Buyers.

3. Insurance

Unless specially agreed, the Sellers are to cover insurance at invoice value plus 10% of the goods sold on CIF or CIP basis. If the Letter of Credit stipulates that the goods after arrival at the port of the destination are to be transported to an inland city or some other port, the Sellers will cover insurance up to that city or port and the Buyers are to be responsible for payment of this additional premium.

4. Force majeure

In the event of force majeure or any other contingencies beyond the Sellers' control, the Sellers shall not be held responsible for late delivery or non-delivery of the goods.

5. Claim

Claims should be filed by the Buyers with the Sellers within 30 days after arrival of the goods at destination and supported by sufficient evidence for Sellers' reference, otherwise the Sellers shall refuse to consider, claims within the responsibility of insurance company and / or shipping company will not be considered or entertained by the Sellers.

6. Arbitration

All disputes in connection with this Contract or the execution shall be settled by negotiation. In case no settlement can be reached, the case under dispute shall then be submitted for arbitration to China International Economic and Trade Arbitration Commission in accordance with the Arbitration Rules of China International Economic and Trade Arbitration Commission, the decision by the Commission shall be accepted final and binding upon both parties.

The Buyers are to sign and return one original copy to the Sellers for immediately upon receipt of this Contract. Should the Buyers fail to do so within 10 days after arrival of this Contract at the Buyers' end, it shall be taken for granted that the Buyers have accepted all the terms and conditions set forth in this Contract.

<table>
<tr><td colspan="3" rowspan="2"><u>出 口 货 物 明 细 单</u>
（出口货物托运委托书）
年　　　月　　　日</td><td>信用证号</td><td colspan="3"></td></tr>
<tr><td>银行编号</td><td></td><td>外运公司编号</td><td></td></tr>
<tr><td rowspan="2">开证银行</td><td colspan="2" rowspan="2"></td><td>合同号</td><td colspan="3"></td></tr>
<tr><td>开证日期</td><td></td><td>收到日期</td><td></td></tr>
<tr><td rowspan="2">收货人</td><td colspan="2" rowspan="2"></td><td>金额</td><td></td><td>收汇方式</td><td></td></tr>
<tr><td>货物性质</td><td>一般（）补偿
（）退运</td><td>贸易国别/地区</td><td></td></tr>
<tr><td rowspan="5">提单或承运收据</td><td rowspan="2">抬头人</td><td rowspan="2"></td><td>汇票
付款人</td><td colspan="3"></td></tr>
<tr><td>汇票期限</td><td colspan="3">见票　　天期</td></tr>
<tr><td rowspan="2">通知人</td><td rowspan="2"></td><td>出口口岸</td><td></td><td>目的港</td><td></td></tr>
<tr><td>可否转运</td><td></td><td>可否分批</td><td></td></tr>
<tr><td>运费</td><td>预付　　到付</td><td>装运期限</td><td></td><td>有效期限</td><td></td></tr>
</table>

<table>
<tr><td rowspan="2">标记唛头</td><td rowspan="2">货名规格及货号</td><td rowspan="2">件数及包装样式</td><td rowspan="2">数量或尺码</td><td rowspan="2">毛重（公斤）</td><td rowspan="2">净重（公斤）</td><td colspan="2">价格（成交条件）</td></tr>
<tr><td>单价</td><td>总价</td></tr>
<tr><td></td><td></td><td></td><td></td><td></td><td></td><td></td><td></td></tr>
</table>

<table>
<tr><td rowspan="3">结汇单证</td><td rowspan="3"></td><td colspan="3">总体积：　　　立方米</td></tr>
<tr><td colspan="2" rowspan="2">中间商名称地址</td><td></td></tr>
<tr><td>佣金　　% 另汇</td></tr>
<tr><td rowspan="4">外运外轮注意事项</td><td rowspan="4"></td><td rowspan="3">保
险
单</td><td>险别</td><td></td></tr>
<tr><td>保额</td><td>按发票金额加　　%</td></tr>
<tr><td>赔款地</td><td></td></tr>
<tr><td colspan="2">船名</td><td></td></tr>
<tr><td rowspan="5">本公司注意事项</td><td rowspan="5"></td><td colspan="2">装货单号</td><td></td></tr>
<tr><td colspan="2">海关编号</td><td></td></tr>
<tr><td colspan="2">放行日期</td><td></td></tr>
<tr><td colspan="2">制单员</td><td></td></tr>
<tr><td colspan="2">储存地点</td><td></td></tr>
</table>

南京百丽服装进出口有限公司

NANJING BELY GARMENT IMP & EXP CORP. LTD.

5-307, 1 North Yangshan Rd. Xianlin Campus City, Nanjing China, 210023

COMMERCIAL　INVOICE

（此页需学生自行设计表格并填制）

南京百丽服装进出口有限公司

NANJING BELY GARMENT IMP & EXP CORP. LTD.

5-307, 1 North Yangshan Rd. Xianlin Campus City, Nanjing China, 210023

PACKING　LIST

（此页需学生自行设计表格并填制）

中华人民共和国出入境检验检疫

出境货物报检单

报检单位（加盖公章）：　　　　　　　　　　　　　　　　　　*编号____________

报检单位登记号：　　　　　联系人：　　　　　电话：　　　　　报检日期：　　年　　月　　日

发货人	（中文）	
	（外文）	
收货人	（中文）***	
	（外文）	

货物名称（中/外文）	HS 编码	产地	数/重量	货物总值	包装种类及件数

运输工具名称号码		贸易方式		货物存放地点	
合同号		信用证号		用途	
发货日期		输往国家（地区）		许可证/审批号	
起运地		到达口岸		生产单位注册号	
集装箱规格、数量及号码					

合同、信用证订立的检验检疫条款或特殊要求	标记及号码	随附单据（划“√”或补填）	
		□合同 □信用证 □发票 □换证凭单 □装箱单	□厂检单 □包装性能结果单 □许可/审批文件 □ □

需要证单名称（划“√”或补填）		*检验检疫费
□品质证书 □重量证书 □数量证书 □兽医卫生证书 □健康证书 □卫生证书	□动物卫生证书 □植物检疫证书 □熏蒸/消毒证书 □出境货物换证凭单 □通关单	总金额 （人民币元）
		计费人
		收费人

报检人郑重声明：	领取证单
1．本人被授权报验。	日期
2．上列填写内容正确属实，货物无伪造或冒用他人的厂名、标志、认证标志，并承担货物质量责任。 签名：	签名

一般原产地证书/加工装配证书申请书

申请单位（盖章）　　　　　　　　　　　　　　　　　　　　　　　　证书号：

注　册　号：

申请人郑重声明：

本人是正式被授权代表出口单位办理和签署本申请书的。

本申请书及一般原产地证明书所列内容正确无误；如发现弄虚作假，冒充产地证所列货物，擅改证书，自愿接受签证机关的处罚并负法律责任。现将有关情况申报如下：

<table>
<tr><td colspan="2">企业名称</td><td colspan="2"></td><td>发票号</td><td></td></tr>
<tr><td colspan="2">商品名称</td><td colspan="2"></td><td>HS 税目号（以 8 位数码计）</td><td></td></tr>
<tr><td colspan="2">商品（FOB）总值
（以美元计）</td><td colspan="2"></td><td>最终目的港
及所在国家</td><td></td></tr>
<tr><td colspan="2">拟出运日期
（以提单日期为准）</td><td colspan="2"></td><td>转口国（地区）</td><td></td></tr>
<tr><td colspan="6">贸易方式和企业性质（请在适当处划“√”）</td></tr>
<tr><td colspan="2">一般贸易 C</td><td colspan="2">灵活贸易 L</td><td colspan="2">其他贸易方式 Q</td></tr>
<tr><td>国有企业</td><td>三资企业</td><td>国有企业</td><td>三资企业</td><td>国有企业</td><td>三资企业</td></tr>
<tr><td colspan="2">毛重、包装数量
或其他数量</td><td colspan="4"></td></tr>
<tr><td colspan="2">原产地标准：
（划“√”）</td><td colspan="4">1．本项商品完全国产，未使用任何进口原材料。________________
2．本项商品含进口成分。______________________________
（含进口成分的商品，须提交“含进口成分产品加工工序成本明细表”。）</td></tr>
<tr><td colspan="6">现提交中国出口商业发票副本一份，一般原产地证书/加工装配证书一正三副，以及其他附件______份，请给予审核签证。
申请人说明：
申请人：（签名）
电　话：
日　期：　　　年　　　月　　　日</td></tr>
</table>

1．Exporter

Certificate No.

CERTIFICATE OF ORIGIN

OF

THE PEOPLE'S REPUBLIC OF CHINA

2．Consignee

3．Means of transport and route

5．For certifying authority use only

4．Country/region of destination

6. Marks and numbers	7．Number and kind of packages; description of goods	8．HS code	9．Quantity	10．Number and date of invoices

11．Declaration by the exporter

The undersigned hereby declares that the above details and statements are correct; that all the goods were produced in China and that they comply with the rules of origin of the People's Republic of China.

………………………………………………………………

Place and date, signature and stamp of certifying authority

12．Certification

It is hereby certified that the declaration by the exporter is correct.

………………………………………………………………

Place and date, signature and stamp of certifying authority

SHIPPER（发货人）	D/R NO.（编号） 中外运
CONSIGNEE（收货人）	集装箱货物托运单
NOTIFY PARTY（通知人）	船代留底　第二联
PRE-CARRIAGE BY（前程运输）　PLACE OF RECEIPT（收货地点）	
OCEAN VESSEL（船名）　VOY NO.（航次）　PORT OF LOADING（装货港）	
PORT OF DISCHARGE（卸货港）　PLACE OF DELIVERY（交货地点）	FINAL DESTINATION FOR THE MERCHANT'S REFERENCE（目的地）

Container No.（集装箱号）	Seal No. 封志号；Marks &No.s 唛头	No. of Containers or Packages 箱数或件数	Kind of packages Description of Goods 包装种类与货名	Gross Weight 毛重（千克）	Measurement 尺码（立方米）	

TOTAL NUMBER OF CONTAINERS
集装箱数或件数合计（大写）

Freight &Charges（运费与附加费）	Revenue Tons（运费吨）	Rate（运费率）	Per（每）	Prepaid（运费预付）	Collect（运费到付）
Ex. Rate:（兑换率）		Prepaid at（预付地点）		Payable at（到付地点）	Place of Issue（签发地点）
Total Prepaid（预付总额）		No.s of Original B（s）/L（正本提单份数）			

Service Type on Receiving □-CY□-CFS □-DOOR	Service Type on Delivery □-CY□-CFS □-DOOR	Reefer-Temperature required（冷藏温度）	F	C

TYPE OF GOODS（种类）	□Ordinary 普通　□Reefer 冷藏　□Dangerous 危险品　□ Auto 裸装车辆 □Liquid 液体　□ Live Animal 活动物　□Bulk 散货　□＿＿＿＿＿	危险品	Class: Property: Imdg Code Page: Un No.

可否转船：	可否分批：	
装期：	效期：	
金额：		
制单日期：		

代理报关委托书

编号：

我单位现（A 逐票、B 长期）委托贵公司代理通关等事宜（A 填单申报、B 辅助查验、C 垫缴税款、D 办理海关证明联、E 审批手册、F 核销手册、G 申办减免税手续、H 其他）。详见“委托报关协议”。

我单位保证遵守《海关法》和国家有关法规，保证所提供的情况真实、完整、单货相符。否则，愿承担相关法律责任。

本委托书有效期自签字之日起至　　　　年　　　月　　　日止。

委托方（盖章）：

法定代表人或其授权签署“代理报关委托书”的人（签字）

年　　月　　日

委托报关协议

为明确委托报关具体事项和各自责任，双方经平等协商签订协议如下：

委托方	
主要货物名称	
HS 编码	
货物总价	
进出口日期	年　　月　　日
提单号	
贸易方式	
原产地/货源地	
其他要求：	
背面所列通用条款是本协议不可分割的一部分，对本协议的签署构成了对背面通用条款的同意。	
委托方业务签章： 经办人签章： 联系电话：　　　　年　　月　　日	

<table>
<tr><td>被委托方</td><td colspan="2"></td></tr>
<tr><td>*报关单编码</td><td colspan="2">No.</td></tr>
<tr><td>收到单证日期</td><td colspan="2">年　月　日</td></tr>
<tr><td rowspan="4">收到单证情况</td><td>合同□</td><td>发票□</td></tr>
<tr><td>装箱清单□</td><td>提（运）单□</td></tr>
<tr><td>加工贸易手册□</td><td>许可证件□</td></tr>
<tr><td>其他</td><td></td></tr>
<tr><td>报关收费</td><td colspan="2">人民币：　　　　元</td></tr>
<tr><td colspan="3">承诺说明：</td></tr>
<tr><td colspan="3">背面所列通用条款是本协议不可分割的一部分，对本协议的签署构成了对背面通用条款的同意。</td></tr>
<tr><td colspan="3">被委托方业务签章：

经办报关员签章：
联系电话：　　　　年　　月　　日</td></tr>
</table>

（白联：海关留存；黄联：被委托方留存；红联：委托方留存）　　中国报关协会监制

中华人民共和国海关出口货物报关单

预录入编号　　　　　　　　　　　　　　　　　　　　　　海关编号

出口口岸	备案号	出口日期		申报日期
经营单位	运输方式	运输工具名称		提运单号
发货单位	贸易方式	征免性质		结汇方式
许可证号	运抵（国/地区）	指运港		境内货源地
批准文号	成交方式	运费	保费	杂费
合同协议号	件数	包装种类	毛重（公斤）	净重（公斤）
集装箱号	随附单据			生产厂家

标记唛码及备注

项号	商品编号	商品名称规格型号	数量及单位	最终目的地国/地区	单价	总价	币制	征免

税费征收情况

录入员　　录入单位	兹声明以上申报无讹并承担法律责任	海关单批注及放行日期（签章） 审单　　审价
报关员	申报单位（签章）	征税　　统计
单位地址 邮编	电话　　填制日期	查验　　放行

中国平安保险股份有限公司

PING AN INSURANCE COMPANY OF CHINA，LTD.

进出口货物运输险投保单

APPLICATION FOR IMP/EXP TRANPORTATION INSURANCE

被保险人
Insured:

本投保单由投保人如实填写并签章后作为向本公司投保货物运输保险的依据，本投保单为该货物运输保险单的组成部分。

The Applicant is required to fill in the following items in good faith and as detailed as possible,and affix signature to this application, which shall be treated as proof of application to the Company for cargo transportation insurance and constitute an integral part of the insurance policy.

兹拟向中国平安财产保险股份有限公司投保下列货物运输保险： Herein apply to the Company for Transportation Insurance of following cargo: Marks　Commodity　Quantity　Packing 请将保险货物项目、标记、数量及包装注明此上。 Please state items, marks, quantity and packing of cargo insured here above.	请将投保的险别及条件注明如下： Please state risks insured against and conditions: (　) PICC (CIC.) Clause (　) ICC Clause (　) All Risks (　) W.A. (　) F.P.A. (　) ICC Clause A (　) ICC Clause B (　) ICC Clause C (　) Air TPT All Risks (　) Air TPT Risks (　) O/L TPT All Risks (　) O/L TPT Risks (　) SRCC (　) W/W (　) TPND (　) FREC (　) IOP (　) RFWD (　) Risk of Breakage (　) Risks during transshipment (　) War Risks

装载运输工具（船名/车号）：per conveyance S.S.　船龄：Age of Vessel　集装箱运输：Container Load　是□ Yes　否□ No　整船运输：Full Vessel Charter　是□ Yes　否□ No

发票或提单号 Invoice No. or B/L No.　开航日期：Slg. On or abt.　年 Year　月 Month　日 Day

自：From:　国 Country　港/地 Port　经：Via:　港/地 Port　至：To:　国 Country　港/地 Port

发票金额 Invoice Value:　保险金额 Amount Insured:

费率 Rate:　保险费 Premium:

备注
Remarks:

投保人兹声明上述所填内容属实，同意以本投保单作为订立保险合同的依据；对贵公司就货物运输保险条款及附加险条款（包括责任免除和投保人及被保险人义务部分）的内容及说明已经了解。

I declare that above is true to the best of my knowledge and belief, and hereby agree that the application be incorporated into the policy. I have read and understand the Company's cargo transportation insurance and extensions(including the Exclusions and the applicant's or insured's Obligations).

投保人签章：Name/Seal of Proposer　联系地址：Address of Proposer

送单地址：同上□　或 Delivery Address: Ditto□ or　电话：Tel:　日期：　年　月　日 Date:

中国平安保险股份有限公司

PING AN INSURANCE COMPANY OF CHINA，LTD.

NO. 1000001111

货 物 运 输 保 险 单

CARGO TRANSPORTATION INSURANCE POLICY

被保险人：
Insured:

中国平安保险股份有限公司根据被保险人的要求及其所交付约定的保险费，按照本保险单背面所载条款与下列条款，承保下述货物运输保险，特立本保险单。

This Policy of Insurance witnesses that PING AN INSURANCE COMPANY OF CHINA，LTD.，at the request of the Insured and in consideration of the agreed premium paid by the Insured，undertakes to insure the under mentioned goods in transportation subject to the conditions of Policy as per the clauses printed overleaf and other special clauses attached hereon.

保单号
Policy No.

赔款偿付地点
Claim Payable at

发票或提单号
Invoice No. or B/L No.

运输工具
per conveyance S.S.

查勘代理人
Survey By：

起运日期
Slg. on or abt.

自
From

至
To

保险金额
Amount Insured

保险货物项目、标记、数量及包装：
Description, Marks, Quantity & Packing of Goods：

承保条件
Conditions：

签单日期
Date：

For and on behalf of
PING AN INSURANCE COMPANY OF CHINA，LTD.

authorized signature

Shipper	B/L No.:
Consignee or order	中国对外贸易运输总公司 CHINA NATIONAL FOREIGN TRADE TRANSPORTATION CORP. 直运或转船提单 BILL OF LADING DIRECT OR WITH TRANSSHIPMENT
Notify Party	SHIPPED on board in apparent good order and condition (unless otherwise indicated) the goods or packages specified herein and to be discharged at the mentioned port of discharge or as near thereto as the vessel may safely get and be always afloat. The weight, measure, marks and numbers, quality, contents and value. Being particulars furnished by the shipper, are not checked by the currier on loading. The shipper, consignee and the holder of this bill of lading hereby expressly accept and agree to all printed, written or stamped provisions. Exceptions and conditions of this Bill of Lading, including those on the back hereof. IN WITNESS whereof the number of original bills of lading stated below have been signed, one of which being accomplished, the other to be void.

Pre-carriage by	Place of receipt
Vessel	Port of loading
Port of discharges	Final destination

Container seal No. or marks and Nos.	Number and kind of packages Description of goods	Gross weight(kgs.)	Measurement(m^3)

REGARDING TRANSSHIPMENT INFORMATION PLEASE CONTACT			Freight and charges
Ex. rate	Prepaid at	Freight payable at	Place and date of issue
	Total prepaid	Number of original Bs/L	Signed for or on behalf of the Master as Agent

(SINOTRANS STANDARD FORM 4)

SUBJECT TO THE TERMS AND CONDITIONS ON BACK 95c No. 0123450

南京百丽服装进出口有限公司

NANJING BELY GARMENT IMP & EXP CORP. LTD.
5-307,1 North Yangshan Rd. Xianlin Campus City, Nanjing China, 210023

SHIPPING　ADVICE

（此页需学生自行设计表格并填制）

凭

Drawn under --

不可撤销信用证

Irrevocable L/C　No. …...…………………..---

日期

Dated ………………---

支取 Payable with interest @....…...% ……. 按………息……….付款

号码　　汇 票 金 额　　　　南京　　年　　月　　日

No.:___________ …Exchange　for　　　　NanJing

见票　　　　　　　　日 后（本 汇 票 之 副 本 未 付）

At………………Sight of this　FIRST　of Exchange (Second of exchange being unpaid)

pay to the order of　BANKOF CHINA, JIANGSU BRANCH　或其指定人

付金额

The sum of

此致

To…---

中国银行江苏省分行

BANK OF CHINA，JIANGSU BRANCH

TEL.：7361056，57，60
FAX：7361057
SWIFT：BCHCNBJ95H

托 收 委 托 书

致：中国银行江苏省分行

现我司委托贵行办理托收出口交单结汇事宜，兹附上下列单据，请贵行依下列条款办理：

1．除特别约定，该托收依据国际商会托收统一规则办理（URC522）；

2．我司确保提供清楚完整的托收指示，任何由于指示不清所产生的后果由我司承担；

3．如我司未能提供确定的代收行，我司授权贵行代为选择代收行和提示行。

发票号______________金额________________核销单号码________________

一、

代收行____

付款人____

____

交单条件　□付款交单（D/P______________________SIGHT）
　　　　　□承兑交单（D/A AT____________________SIGHT）
　　　　　□其他

银行费用　□国外银行费用向付款人收取
　　　　　□所有银行费用向付款人收取
　　　　　□上述费用不得弃收

二、所附单据名称及份数

汇票	发票	装箱单	产地证	普惠制证明	检验证	保单	提单	空运单	货物收据	证明	装运通知

三、货款处理（请务必填写，以免进账错误）

□结汇入我司人民币账号__________________

□原币入我司外汇账户账号__________________

四、特别指示

五、银行签收人

__________日期______________　　　　公司联系人：

联系电话__________

六、银行处理意见（仅供银行内部使用）

3.1.6　实训小结

出口女式套装综合实训项目

个人小结

班级：　　　　　姓名：　　　　　学号：　　　　　组别：　　　　日期：

本人实训任务完成情况和感想：
对实训的建议：
实训表现的自我评价：　　　　　　　　　　　　组长（签名）：

实训子项目任务完成情况考核表

实训子项目任务名称：

学生姓名：　　　　　学号：　　　　　　班级：　　　　　____年____月____日

任务内容		完成情况（每项内 0～n 为得分区间，右侧框内填实际得分） 全部满分为 100 分								
序号	任务名称	工作态度/独立主动		团队意识/协调能力		沟通能力/方法能力		单证制作及业务操作能力		小计
1	项目资讯和计划	0～1		0～1		0～2		0～6		
2	项目审批	0～1		0～1		0～4		0～4		
3	对外磋商和签约	0～1		0～1		0～2		0～6		
4	审证或对外开证	0～1		0～1		0～2		0～6		
5	租船订舱	0～1		0～1		0～2		0～6		
6	报检	0～1		0～1		0～2		0～6		
7	报关	0～1		0～1		0～2		0～6		
8	办理保险/换取提单	0～1		0～1		0～2		0～6		
9	办理结汇或付款	0～1		0～1		0～2		0～6		
10	善后及资料归档	0～1		0～1		0～2		0～6		
	综合评定									

评定意见:

考核人签字：　　　　　年　　月　　日

学生反馈意见:

学生签字：　　　　　年　　月　　日

3.2　出口铆钉（FOB L/C）项目

3.2.1　实训目标

本实训项目要求学生以上海环球国际贸易有限公司外贸业务员身份进行市场推广、交易磋商，与国外买方签订出口铆钉（FOB L/C）合同，并根据合同履行需要，在不同环节分别扮演跟单员、单证员、报检员、报关员、货运代理员，完成整笔出口合同。通过实训，使学生掌握 FOB 成交条件、信用证结算方式下，出口业务操作的全过程。

3.2.2　实训要求

参加综合实训的学生，应在该项目实训开始前，回顾 FOB 成交条件、信用证结算方式下的出口工作程序，通过互联网了解铆钉的型号、规格、用途、特性、主要出口市场及国际市场价格，查阅 2013 年《中国海关报关实用手册》（海关总署政策法规司）等资料，了解不同材质铆钉的 HS 编码、海关监管条件、检验检疫类别、出口退税率等通关管制政策，制定本出口业务的操作流程，完成本出口贸易项目。

指导教师应具备出口操作的理论知识和实际工作经验。可以根据项目的要求担任部门经理，主要负责指导、组织、监测具体实训过程和过程考核，有的放矢地根据学生在仿真操作中出现的错误和问题进行修正和讲解，帮助学生解决实训中出现的其他问题，控制实训进度；同时可作为相关部门（国内生产商、海关、质检总局、商务部、银行及有关管理部门）的办事人员审核相关事宜及证件，以及项目结束后的总结点评和项目考核等。参加综合实训的学生，应按照本实训所涉及的出口业务环节进行角色扮演，完成项目指定的各个实训任务，并注意业务流程的正确性、规范性和系统性。

3.2.3　实训项目介绍

1．业务背景

出口商南京环球国际贸易有限公司（Nanjing Huanqiu Imp & Exp Co.,Ltd.）创建于 1990 年 1 月，注册资金 5 000 万元，是一家从事机电产品进出口的大型国际贸易公司。一直以来，公司注重管理，强化改革，积极开拓，勇于创新，规模和实力不断壮大，产品和服务享誉国内外。

南京环球国际贸易有限公司主营机电产品进出口业务，同时从事箱包、文体百货等商品的出口业务。多年来，公司致力于实业化、集团化、国际化、综合化建设，在我国香港、日本、美国、罗马尼亚等地均设有海外分支机构，年出口额 2 亿多美元。

二十多年来，南京环球国际贸易有限公司坚持“以人为本”，努力营造民主、开放的企业氛围，以“求实创新”为企业精神，以“平等互利、友好合作、质量第一、信誉至上”为经营宗旨，力求服务最优、客户满意，近年来相继被商务部、国务院国有资产监督管理委员会、中国质量协会授予“全国对外经贸优秀企业”“全国重点联系企业”“中国进出口贸易企业 500 强”和“中国质量效益型先进企业特别奖”等称号。该公司详细名称、地址及通信方式如下：

地址：南京市墨香路 888 号（邮编 210048）

电话：+86-25-85110846　　传真：+86-25-85110847

网址：http://www.jsnjhq.com　　电邮：hqgj@126.com

南京环球国际贸易有限公司在海关登记注册的经营单位编码是 3201932223，在质检总局注册登记的报检单位登记号为 3200018899，质检总局核发的组织机构代码为 4660075628，工商局核准的生产经营单位注册号为 QS3203503356。

进口商 AL KHUZALMA 建筑材料有限公司是阿联酋一家专业从事建筑材料国际采购的跨国公司，与中国境内的许多建筑材料供应商有着长期广泛的合作，是阿联酋最大的进口建材供应商之一。公司详细名称及地址如下：

AL Khuzalma Building Company

Add.: Sharja Bld, Dubai, U.A.E.

Tel.: 971-5-5518976　　Fax: 971-5-5518976

网址：http://www.khuzalmah.com　　电邮：khuzalma @126.com

生产商无锡三和金属制品有限公司创建于 1988 年，是一家集研发设计、生产、销售于一体的专业制造企业，公司拥有从台湾引进的全套先进精密制造设备，一百多名熟练的生产工人，雄厚的技术实力。随着公司规模的不断发展壮大，已生产出低碳铜、不锈钢、铝、铜四大系列近千种规格的产品，也可根据客户的图纸生产特殊形状、特殊规格的高难度焊钉。公司产品广泛用于建筑幕墙装修、飞机、轮船、汽车、家用电器、厨房设备、电梯、医疗器械等行业。产品拥有优良的性能，深受客户认可，是铆钉行业中具有较强综合竞争力的资深供应商。公司详细名称及地址如下：

公司名称：无锡三和金属制品有限公司

公司法定代表人：王伟

公司地址：无锡市解放路 168 号

公司电话：86-510-4656888

公司传真：86-510-4556999

邮政编码：214000

网址：www. sanherivet.com

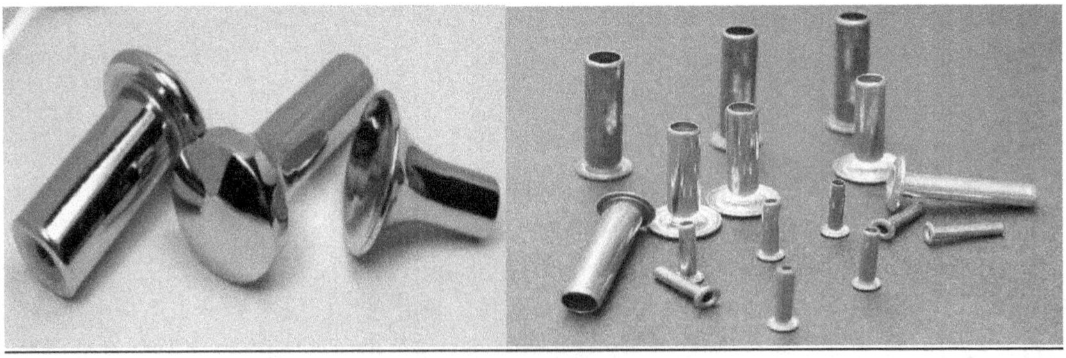

铆钉样品图

2. 业务资料

2012 年 10 月 16 日，AL Khuzalma Building Company 的采购经理 KHOZEMA 在广州的第 112 届中国进出口商品交易会上认识了参展的南京环球国际贸易有限公司业务员钱多多后，经过交流，环球公司的铆钉产品给 KHOZEMA 留下了较深的印象。2013 年 3 月，KHOZEMA 通过 E-mail 给钱多多发来询盘函，要求钱多多予以报价。询盘函如下：

AL KHUZALMA BUILDING COMPANY

Sharja Bld, Dubai, U.A.E.　Tel.: 971-5-5518976　Fax: 971-5-5518976

TO：NANJING HUANQIU IMP & EXP CO.,LTD.　Date: MAR 18,2013

ATTN：DUODUO QIAN

DEAR SIR:

PLEASE GIVE YOUR BEST PRICES FOR THESE ITEMS.

THIS IS JUST A TRIAL ORDER. ONCE THE QUALITY AND PRICES ARE SUITABLE IN OUR MARKET ,WE WILL GIVE YOU MORE QTYS.

NO.	DESCRIPTION	QTYS
	ALUMINIUM/STEEL BLIND RIVET	
01	4.8×10MM SILVER	100,000PCS
02	4×16MM SILVER	100,000PCS
03	4×12MM SILVER	100,000PCS
04	4×12MM BLACK	200,000PCS
05	4×12MM WHITE	200,000PCS
06	4×10MM BLACK	200,000PCS
07	4×10MM WHITE	200,000PCS

PRICE TERMS：FOB CHINA MAIN PORT

PAYMENT TERMS:

PACKING：500/1000PCS IN ONE SMALL WHITE BOX, THEN PACKED IN CARTON.

YOURS SINCERELY，

KHOZEMA

钱多多在接到询盘后，根据收集到的信息进行了出口价格核算，在进行成本核算后，也通过 E-mail 的方式对外进行了报盘。其核算依据如下：

2013 年钢铁制的铆钉出口退税 5%，铝制的 13%。

从上海运往迪拜海运拼箱费用 USD60/M^3。

签证费：产地证签证费 CNY41.50，发票签证费共计 CNY20。

货代收取的费用：报关和文件费 CNY400.00，港杂费 CNY110.00/M^3。因为一般南京不做拼箱，故需将货物送至上海，从无锡至上海运费约 1 500 元。

Marks & No.	Quantity and description				WEIGHT		MEASUREMENT
	GOODS	PCS	CTN	PALLET	G.W	N.W	
	BLIND RIVET				KGS	KGS	CBM
	ALUMINUM/STEEL OPEN RIVET						
	K4.8×10MM	200,000	20		240.00	220.00	0.90
	K4×16MM	200,000	20		280.00	260.00	0.90
AKBM	K4×12MM	200,000	10		200.00	190.00	0.40
NO.1-2	K4×12MMBLACK	400,000	20	4	220.00	200.00	0.80
	K4×12MMWHITE	400,000	20		220.00	200.00	0.80
	K4×10MMBLACK	400,000	20		200.00	180.00	0.80
	K4×10MMWHITE	400,000	20		200.00	180.00	0.80
	TOTAL:	2,200,000	130	4	1,560.00	1,430.00	5.40

国内采购成本：

货物名称	型号/规格	单价（含税）/（元/千件）
铝制铆钉		
亮锌	4.8×10MM	31.60
亮锌	4.0×16MM	24.90
亮锌	4.0×12MM	22.60
喷黑漆	4.0×12MM	28.60
喷白漆	4.0×12MM	29.60
喷黑漆	4.0×10MM	27.60
喷白漆	4.0×10MM	28.60

其后，双方又经过多次反复磋商后达成一致意见，钱多多草拟好合同后，于 5 月 6 日通过传真进行了会签销售合同。双方敲定的合同价格如下：

Quantity（pcs）and Description		Unit Price（per pc）	Amount
BLIND RIVET			
ALUMINUM OPEN RIVET		FOB SHANGHAI	
K4.8×10MM	200,000	USD0.00459	USD 918.00
K4×16MM	200,000	USD0.00362	USD 724.00
K4×12MM	200,000	USD0.00345	USD 690.00
K4×12MMBLACK	400,000	USD0.00458	USD 1832.00
K4×12MMWHITE	400,000	USD0.00469	USD 1876.00
K4×10MMBLACK	400,000	USD0.00448	USD 1792.00
K4×10MMWHITE	400,000	USD0.00458	USD 1832.00

由于与无锡三和金属制品有限公司已保持 5 年多的长期合作关系，所以，铆钉的国内采购开展得很顺利。5 月 8 日，钱多多与三和签订了供销合同。

南京环球国际贸易有限公司

国内购货合同

合同编号：YXH0800915

签约地点：南京

签约日期：2013 年 5 月 8 日

买方：南京环球国际贸易有限公司

卖方：无锡三和金属制品有限公司

货号/唛头	货物名称	型号/规格	数量/件	计量单位/千件	单价（含税）（元/千件）	总金额（含税）
	铝制铆钉	4.8×10MM	200.000		￥31.60	￥6,230.00
	亮锌	4.0×16MM	200.000		￥24.90	￥4,980.00
	亮锌	4.0×12MM	200.000		￥22.60	￥4,520.00
	亮锌	4.0×12MM	400.000		￥28.60	￥5,720.00
	喷黑漆	4.0×12MM	400.000		￥29.60	￥5,920.00
	喷白漆	4.0×10MM	400.000		￥27.60	￥5,520.00
	喷黑漆	4.0×10MM	400.000		￥28.60	￥5,720.00
	喷白漆					
总计：			2,200,000			￥61,580.00

一、质量/技术标准：企标

要求货物质量要符合出口质量标准，不能有任何质量问题如表面质量不良、断钉外露、铆接不牢等问题。

二、包装条件：出口包装（中性包装）

（1）1 000 支装一白纸盒，10 个白纸盒装一纸箱。

（2）外箱出口包装箱，通用标贴，不能出现工厂厂名、电话等任何信息。

（3）纸箱由卖方提供。

（4）外箱上贴大标贴。

三、交货地点、日期及方式：2013 年 6 月 25 日前货交上海指定仓库。

四、货物验收方法及所需单证：工厂自检，并出具货物质量保证书，如有任何质量问题，由工厂承担。

五、付款方式：开具增值税发票和税收（出口货物专用）缴款书后七周内付款。如果工厂不能按时交货，工厂负责赔偿所有损失。

卖方代表人签字：　　　　　　　　**买方代表人签字：**

5月20日，买方按照合同约定，通过迪拜 DUBAI ISLAMIC BANK 开来信用证，经由中国银行江苏省分行通知环球公司。信用证如下所示：

MT 700	**ISSUE OF A DOCUMENTARY CREDIT**
SENDER	**DUBAI ISLAMIC BANK DUBAI BRANCH**
RECEIVER	**BANK OF CHINA ， JIANGSU BRANCH**
SEQUENCE OF TOTAL	**27: 1/1**
FORM OF DOC. CREDIT	**40A: IRREVOCABLE**
DOC. CREDIT NUMBER	**20: DI1236898**
DATE OF ISSUE	**31C: 20130520**
APPLICABLE RULES	**40E: UCP LATEST VERSION**
EXPIRY DATE	**31D: 20130715 AND PLACE NANJING**
APPLICANT	**50: AL KHUZALMA BUILDING COMPANY SHARJA BLD, DUBAI, U.A.E**
BENEFICIARY	**59: NANJING HUANQIU IMP & EXP CO.,LTD. 888 MOXIANG ROAD 210048, NANJING, P.R.C**
AMOUNT	**32B: CURRENCY USD AMOUNT 9964.00**
AVAILABLE WITH/BY	**41D: ANY BANK IN CHINA BY NEGOTIATION**
DRAFTS AT	**42C: AT SIGHT**
DRAWEE	**42A: DUBAI ISLAMIC BANK DUBAI BRANCH**
PARTIAL SHIPMTS	**43P: PROHIBITED**
TRANSSHIPMENT	**43T: ALLOWED**
PORT OF LOADING	**44E: CHINA PORT**
PORT OF DISCHARGE	**44F: DUBAI**
LATEST DATE OF SHIPMENT	**44C: 20130715**
DESCRIPTION OF GOODS	**45A: 2,200,000 PCS ALUMINUM BLIND RIVET FOB DUBAI**
DOCUMENTS REQUIRED	**46A: + COMMERCIAL INVOICE MANUALLY SIGNED IN TRIPLICATE. ONE ORIGINAL OF WHICH SHOULD BE CERTIFIED BY CHAMBER OF COMMERCE OR CCPIT. + PACKING LIST IN TRIPLICATE. + CERTIFICATE OF CHINESE ORIGIN CERTIFIED BY CHAMBER OF COMMERCE OR CCPIT. + FULL SET (3/3) OF CLEAN 'ON BOARD' OCEAN BILLS OF LADING MADE OUT TO ORDER MARKED FREIGHT COLLECT AND NOTIFY APPLICANT.**

+SHIPPING ADVICE BY FAX TO APPLICANT WITHIN 2 DAYS AFTER THE DATE OF SHIPMENT SHOWING THE NAME OF THE CARRYING VESSEL, DATE OF SHIPMENT, MARKS, QUANTITY, NET WEIGHT AND GROSS WEIGHT.

ADDITION CONDITION　47A: + DOCUMENTS DATED PRIOR TO THE DATE OF THIS CREDIT ARE NOT ACCEPTABLE.

+ THE NUMBER AND THE DATE OF THIS CREDIT AND THE NAME OF ISSUING BANK MUST BE QUOTED ON ALL DOCUMENTS.

CHARGES　71B: ALL CHARGES OUTSIDE U.A.E ARE FOR ACCOUNT OF BENEFICIARY.

PRESENTATION PERIOD　48: WITHIN 15 DAYS AFTER THE DATE OF SHIPMENT, BUT WITHIN THE VALIDITY OF THIS CREDIT.

CONFIRMATION　49: WITHOUT

REIMBURSING BANK　53A：DUBAI ISLAMIC BANK DUBAI BRANCH

环球公司单证员对信用证进行认真审核后，向进口商提出了对信用证中的一些条款进行修改的要求，进口商经过仔细核对合同及参照国际惯例，接受了出口商的改证申请，并向开证行提出了改证申请，开证行于是在 2013 年 5 月 25 日开出了信用证修改书，并经由中国银行江苏省分行转交给环球公司。

2013 年 6 月 1 日，环球公司接到三和公司可在 2013 年 6 月 18 日前交货的通知，并转告给 AL KHUZALMA BUILDING COMPANY。该公司于是办理了订舱手续，并及时将托运信息传真告知钱多多，具体如下：

船公司确认的订舱信息如下：

承运人：中国远洋运输集团公司 COSCO

装运港：SHANGHAI,CHINA　　　　目的港：DUBAI, U.A.E

装船时间：2013 年 6 月 20 日　　　　船名航次：YONAN V. 036

6 月 12 日，三和公司按照合同包装规格要求进行打包，将用纸箱包装后的货物装在 4 个塑料托盘上，并贴上了环球公司提供的唛头。同日，环球公司单证员根据装箱情况制作好发票、箱单。

6 月 13 日，环球公司单证员根据信用证要求去商会办理了发票签证及一般原产地证书。

6 月 15 日，环球公司联系运输公司将货物送至买方指定的上海港某仓库办理拼箱，并将办理报关所需的全套单据快递上海沪通报关行委托其办理报关手续。

6 月 20 日，货物装船。

6 月 22 日，环球公司单证员持全套单据去中国银行江苏省分行办理交单手续。

3. 实训任务

任务 1：通过互联网了解铆钉的型号、规格、用途、特性、国外及主要出口地区的国际市场价格，查阅 2013 年《中国海关报关实用手册》（海关总署政策法规司）等资料，了解不同材质铆钉的 HS 编码、海关监管条件、检验检疫类别、出口退税率等通关管制政策。并制定本出口业务的操作流程。

任务 2：根据有关资料，进行报价前的成本核算。

任务 3：请根据报价核算结果，拟写一份报盘函。

任务 4：请根据交易磋商结果拟制外销合同，并在报部门主管及分管领导审批后传真买方会签。要求合同号为 HQ130506，日期为 2013.05.06。

任务 5：请对照合同并结合国际惯例，对信用证进行认真审核，如发现有需要修改的不符点，拟写信用证修改函，要求进口商改证。

任务 6：请在接到三和公司可在 2013 年 6 月 18 日前交货的通知后，拟写一份传真，将相关信息通知 AL KHUZALMA BUILDING COMPANY，以便其办理订舱手续。

任务 7：将 AL KHUZALMA BUILDING COMPANY 的订舱及送货信息以及拟定的唛头传真告知三和公司。

任务 8：根据装箱情况制作好发票、箱单。

任务 9：根据信用证要求去商会办理发票签证及一般原产地证书的申领手续。

任务 10：备齐报关所需的全套单据，并交报关行委托其办理报关手续。

任务 11：拟写装运通知并发送给买方。

任务 12：补齐信用证项下要求的全套单据，并去中国银行江苏省分行办理交单手续。

任务 13：待收到货款后，办理出口退税手续。

3.2.4　实训用单据

南京环球国际贸易有限公司

NANJING HUANQIU IMP & EXP CO.,LTD.

888　MOXIANG ROAD, NANJING, P.R.C　210048　TEL.:85110846　FAX: 85110847

出口成本核算单

（此页需学生自行设计表格并填制）

南京环球国际贸易有限公司

NANJING HUANQIU IMP & EXP CO.,LTD.

888　MOXIANG ROAD, NANJING, P.R.C　210048　TEL.:85110846　FAX: 85110847

OFFER LETTER

（此页需学生自行设计表格并填制）

NANJING HUANQIU IMP & EXP CO.,LTD.

888 MOXIANG ROAD, NANJING, P.R.C 210048 TEL.:85110846 FAX: 85110847

SALES CONTRACT

BUYER: **NO.:**

ADDRESS: **DATE:**

TEL.: **FAX:**

The undersigned Sellers and Buyers have agreed to close the following transactions according to the terms and conditions stipulated below.

P.O. No.	Commodity & Specification	Quantity	Unit Price & Terms	Amount
TOTAL:				

Shipment: NOT LATE THAN MAY 20, 2013

Port of Loading: CHINESE PORT Destination: DUBAI

Quantity More or Less Allowed: 5%

Payment: ☐ L/C at sight

☐ By 100% L/C available by draft at sight to be opened in favor of The Sellers 30 days before the month of shipment / remaining valid for negotiation in China 15 days after the date of shipment.

Insurance: ☐ To be effected by The Sellers at 110% of the invoice value covering All Risks and War Risk as per China Insurance Clause (C.I.C.).

☐ To be effected by The Buyers.

Special Clauses: JIANGSU PEARL OF GUOGUANG IMP & EXP CORP. LTD.

BANK: BANK OF CHINA JIANGSU BRANCH

ACCOUNT: 0250138090010000000

备注 Remarks: WHEN ESTABLISHING L/C, PLEASE INDICATE THE NUMBER OF THIS SALES CONTRACT IN THE L/C.

一般条款 General Terms & Conditions: PLEASE SEE OVERLEAF

请将本合同的一份签署后退还本公司 Please sign and return one of the originals for our files.

卖方（The Sellers） 买方（The Buyers）

南京环球国际贸易有限公司

NANJING HUANQIU IMP & EXP CO.,LTD.

888 MOXIANG ROAD, NANJING, P.R.C 210048 TEL.: 85110846 FAX: 85110847

LETTER OF AMENDENT FOR L/C

（此页需学生自行设计表格并填制）

南京环球国际贸易有限公司

NANJING HUANQIU IMP & EXP CO.,LTD.

888　MOXIANG ROAD, NANJING, P.R.C　210048　TEL.: 85110846　FAX: 85110847

COMMERCIAL　INVOICE

（此页需学生自行设计表格并填制）

南京环球国际贸易有限公司

NANJING HUANQIU IMP & EXP CO.,LTD.

888　MOXIANG ROAD, NANJING, P.R.C　210048　TEL.: 85110846　FAX: 85110847

PACKING　LIST

（此页需学生自行设计表格并填制）

一般原产地证书/加工装配证书
申请书

申请单位（盖章）　　　　　　　　　　　　　　　　　　　　证书号：

注　　册　　号：

申请人郑重声明：

本人是正式被授权代表出口单位办理和签署本申请书的。

本申请书及一般原产地证明书所列内容正确无误；如发现弄虚作假，冒充产地证所列货物，擅改证书，自愿接受签证机关的处罚并负法律责任。现将有关情况申报如下：

<table>
<tr><td colspan="2">企业名称</td><td colspan="2"></td><td>发票号</td><td></td></tr>
<tr><td colspan="2">商品名称</td><td colspan="2"></td><td>HS 税目号（以 8 位数码计）</td><td></td></tr>
<tr><td colspan="2">商品（FOB）总值（以美元计）</td><td colspan="2"></td><td>最终目的港及所在国家</td><td></td></tr>
<tr><td colspan="2">拟出运日期（以提单日期为准）</td><td colspan="2"></td><td>转口国（地区）</td><td></td></tr>
<tr><td colspan="6">贸易方式和企业性质（请在适当处划“√”）</td></tr>
<tr><td colspan="2">一般贸易 C</td><td colspan="2">灵活贸易 L</td><td colspan="2">其他贸易方式 Q</td></tr>
<tr><td>国有企业</td><td>三资企业</td><td>国有企业</td><td>三资企业</td><td>国有企业</td><td>三资企业</td></tr>
<tr><td colspan="2">毛重、包装数量或其他数量</td><td colspan="4"></td></tr>
<tr><td colspan="2">原产地标准：
（划“√”）</td><td colspan="4">1．本项商品完全国产，未使用任何进口原材料。__________
2．本项商品含进口成分。______________________________
（含进口成分的商品，须提交“含进口成分产品加工工序成本明细表”。）</td></tr>
<tr><td colspan="6">现提交中国出口商业发票副本一份，一般原产地证书/加工装配证书一正三副，以及其他附件________份，请给予审核签证。
申请人说明：

申请人：（签名）
电　话：
日　期：　　　年　月　日</td></tr>
</table>

<table>
<tr><td colspan="2">1. Exporter</td><td colspan="3" rowspan="2">Certificate No.

CERTIFICATE OF ORIGIN
OF
THE PEOPLE'S REPUBLIC OF CHINA</td></tr>
<tr><td colspan="2">2. Consignee</td></tr>
<tr><td colspan="2">3. Means of transport and route</td><td colspan="3" rowspan="2">5. For certifying authority use only</td></tr>
<tr><td colspan="2">4. Country/region of destination</td></tr>
<tr><td>6. Marks and numbers</td><td>7. Number and kind of packages; description of goods</td><td>8. HS code</td><td>9. Quantity</td><td>10. Number and date of invoices</td></tr>
<tr><td colspan="2">11. Declaration by the exporter

The undersigned hereby declares that the above details and statements are correct; that all the goods were produced in China and that they comply with the rules of origin of the People's Republic of China.

……………………………………………………………………
Place and date, signature and stamp of certifying authority</td><td colspan="3">12. Certification

It is hereby certified that the declaration by the exporter is correct.

……………………………………………………………………
Place and date, signature and stamp of certifying authority</td></tr>
</table>

代理报关委托书

编号：

我单位现（A 逐票、B 长期）委托贵公司代理　等通关事宜。（A 填单申报、B 辅助查验、C 垫缴税款、D 办理海关证明联、E 审批手册、F 核销手册、G 申办减免税手续、H 其他）详见《委托报关协议》。

我单位保证遵守《海关法》和国家有关法规，保证所提供的情况真实、完整、单货相符。否则，愿承担相关法律责任。

本委托书有效期自签字之日起至　　　　年　　月　　日止。

委托方（盖章）：

法定代表人或其授权签署“代理报关委托书”的人（签字）

年　　月　　日

委托报关协议

为明确委托报关具体事项和各自责任，双方经平等协商签订协议如下：

委托方	
主要货物名称	
HS 编码	
货物总价	
进出口日期	年　　月　　日
提单号	
贸易方式	
原产地/货源地	
其他要求：	
背面所列通用条款是本协议不可分割的一部分，对本协议的签署构成了对背面通用条款的同意。	
委托方业务签章： 经办人签章： 联系电话：　　　　年　　月　　日	

被委托方		
*报关单编码	No.	
收到单证日期	年　月　日	
收到单证情况	合同□	发票□
	装箱清单□	提（运）单□
	加工贸易手册□	许可证件□
	其他	
报关收费	人民币：　　　　元	
承诺说明：		
背面所列通用条款是本协议不可分割的一部分，对本协议的签署构成了对背面通用条款的同意。		
被委托方业务签章： 经办报关员签章： 联系电话：　　　　年　　月　　日		

（白联：海关留存、黄联：被委托方留存、红联：委托方留存）　　中国报关协会监制

中华人民共和国海关出口货物报关单

预录入编号　　　　　　　　　　　　　　　　　　海关编号

出口口岸	备案号	出口日期		申报日期
经营单位	运输方式	运输工具名称		提运单号
发货单位	贸易方式	征免性质		结汇方式
许可证号	运抵（国/地区）	指运港		境内货源地
批准文号	成交方式	运费	保费	杂费
合同协议号	件数	包装种类	毛重（公斤）	净重（公斤）
集装箱号	随附单据			生产厂家

标记唛码及备注

项号	商品编号	商品名称规格型号	数量及单位	最终目的地国/地区	单价	总价	币制	征免

税费征收情况

录入员　　录入单位	兹声明以上申报无讹并承担法律责任	海关单批注及放行日期（签章） 审单　　审价
报关员	申报单位（签章）	征税　　统计
单位地址 邮编　　电话	填制日期	查验　　放行

Shipper	B/L No.:
Consignee or order	中 国 对 外 贸 易 运 输 总 公 司 CHINA NATIONAL FOREIGN TRADE TRANSPORTATION CORP. 直运或转船提单 BILL OF LADING DIRECT OR WITH TRANSSHIPMENT
Notify Party	SHIPPED on board in apparent good order and condition (unless otherwise indicated) the goods or packages specified herein and to be discharged at the mentioned port of discharge or as near thereto as the vessel may safely get and be always afloat.

Pre-carriage by	Place of receipt	The weight, measure, marks and numbers, quality, contents and value. Being particulars furnished by the shipper, are not checked by the carrier on loading. The shipper, consignee and the holder of this bill of lading hereby expressly accept and agree to all printed, written or stamped provisions. Exceptions and conditions of this Bill of Lading, including those on the back hereof. IN WITNESS whereof the number of original bills of lading stated below have been signed, one of which being accomplished, the other to be void.
Vessel	Port of loading	
Port of discharges	Final destination	

Container seal No. or marks and Nos.	Number and kind of packages Description of goods	Gross weight(kgs.)	Measurement(m^3)

REGARDING TRANSSHIPMENT INFORMATION PLEASE CONTACT			Freight and charges
Ex. rate	Prepaid at	Freight payable at	Place and date of issue
	Total prepaid	Number of original Bs/L	Signed for or on behalf of the Master as Agent

(SINOTRANS STANDARD FORM 4)

SUBJECT TO THE TERMS AND CONDITIONS ON BACK 95c No. 0123450

南京环球国际贸易有限公司

NANJING HUANQIU IMP & EXP CO.,LTD.

888　MOXIANG ROAD, NANJING, P.R.C　210048　TEL.: 85110846　FAX: 85110847

SHIPPING ADVICE

（此页需学生自行设计表格并填制）

凭

Drawn under --

不可撤销信用证

Irrevocable L/C　No.　………………………..--

日期

Dated ……………--

支取 Payable with interest @..........% ……. 按………息……….付款

号码　　　　　　汇 票 金 额　　　　　　　南京　　　年　　月　　日

No.:___________ …Exchange　for　　　　　　　NanJing

见票　　　　　　　　　　　　　　　　　　日　后（本　汇　票　之　副　本　未 付）

At………………Sight of this　FIRST　of Exchange (Second of exchange being unpaid)

pay to the order of　BANKOF CHINA, JIANGSU BRANCH　或其指定人

付金额

The sum of

此致

To…---

3.2.5　实训小结

出口铆钉实训项目

个人小结

班级：　　　　　　姓名：　　　　　　学号：　　　　　组别：　　　日期：

本人实训任务完成情况和感想：

对实训的建议：

实训表现的自我评价：　　　　　　　　　　　　组长（签名）：

实训子项目任务完成情况考核表

实训子项目任务名称：

学生姓名：　　　　学号：　　　　班级：　　　　____年____月____日

任务内容		完成情况（每项内 0～n 为得分区间，右侧框内填实际得分） 全部满分为 100 分								
序号	任务名称	工作态度/独立主动		团队意识/协调能力		沟通能力/方法能力		单证制作及业务操作能力		小计
1	项目资讯和计划	0～1		0～1		0～2		0～6		
2	项目审批	0～1		0～1		0～4		0～4		
3	对外磋商和签约	0～1		0～1		0～2		0～6		
4	审证或对外开证	0～1		0～1		0～2		0～6		
5	租船订舱	0～1		0～1		0～2		0～6		
6	报检	0～1		0～1		0～2		0～6		
7	报关	0～1		0～1		0～2		0～6		
8	办理保险/换取提单	0～1		0～1		0～2		0～6		
9	办理结汇或付款	0～1		0～1		0～2		0～6		
10	善后及资料归档	0～1		0～1		0～2		0～6		
	综合评定									

评定意见：

考核人签字：　　　　年　　月　　日

学生反馈意见：

学生签字：　　　　年　　月　　日

3.3 出口毛绒玩具（CFR T/T）项目

3.3.1 实训目标

本实训项目要求学生以江苏国盛进出口贸易公司业务员的身份进行毛绒玩具的市场推广、交易磋商，与国外买方签订出口毛绒玩具的合同，并根据合同履行需要，在不同环节分别扮演跟单员、单证员、报检员、报关员、货运代理员，完成整笔出口合同。通过本项目训练，使同学在仿真职场环境中系统、规范、全面地掌握以 CFR 为成交条件、T/T 结算方式下的出口操作全过程，以达到熟悉本区域典型产品，并熟练掌握以 CFR 为成交条件、T/T 结算方式下的出口业务各环节的实际操作。

3.3.2 实训要求

参加综合实训的学生，应在该项目实训开始前，回顾以 CFR 成交条件、T/T 结算方式下的出口工作程序，通过互联网了解毛绒玩具的款式、材质、主要出口市场、主要贸易国的进口管制条件及市场价格，查阅 2013 年《中国海关报关实用手册》（海关总署政策法规司）等资料，了解不同材质毛绒玩具的 HS 编码、海关监管条件、检验检疫类别、出口退税率等通关管制政策，制定本出口业务的操作流程，完成本出口贸易项目。

指导教师应具备出口操作的理论知识和实际工作经验。可以根据项目的要求担任部门经理，主要负责指导、组织、监测具体实训过程和过程考核，有的放矢地根据学生在仿真操作中出现的错误和问题进行修正和讲解，帮助学生解决实训中出现的其他问题，控制实训进度；同时可作为相关部门（国内生产商、海关、质检总局、商务部、银行及有关管理部门）的办事人员审核相关事宜及证件，以及项目结束后的总结点评和项目考核等。参加综合实训的学生，应按照本实训所涉及的出口业务环节进行角色扮演，完成项目指定的各个实训任务，并注意业务流程的正确性、规范性和系统性。

3.3.3 实训项目介绍

1. 业务背景

出口商江苏国盛进出口贸易股份有限公司（Jiangsu Guosheng Import & Export Trading Corporation，以下简称“国盛公司”）创建于 1986 年 1 月，是一家以进出口贸易、房地产与实业投资为主的大型国际贸易产业公司。一直以来，公司注重管理，强化改革，积极开拓，勇于创新，规模和实力不断壮大，产品和服务享誉国内外市场。公司主营鞋类、玩具、箱包、机电、服装、文体百货等商品的出口业务和化工原料、木浆、机械设备等商品的进口业务及国内贸易，业务遍及一百多个国家和地区，年进出口额近 6 亿美元，曾连续多年位列中国进出口额最大 500 家企业的前百强。

多年来，公司致力于实业化、集团化、国际化、综合化建设，投资兴建了鞋业生产基地、玩具生产基地和设计中心，在上海、无锡、扬州等地设有5家子公司，在中国香港、日本、美国、罗马尼亚等地设有海外企业4家。

公司坚持“以人为中心”，努力营造民主、开放的企业氛围，以“求实创新”为企业精神，以“平等互利、友好合作、质量第一、信誉至上”为经营宗旨，力求服务最优、客户满意，近年来相继被商务部、国务院国有资产监督管理委员会授予“全国对外经贸优秀企业”“全国重点联系企业”“中国进出口贸易企业500强”的称号，由中国质量协会授予“中国质量效益型先进企业特别奖”等。

国盛公司在工商局的注册号为330600213，在海关登记注册的经营单位编码是3201962222，质监局核发的组织机构代码为320133333，在商检局注册登记的报检单位登记号为30077777。

公司详细名称、地址及通信方式如下：

公司名称：江苏国盛进出口贸易股份有限公司（NAME：JIANGSU GUOSHENG IMPORT & EXPORT TRADING CORPORATION）

公司地址：中国南京市建邺路110号 邮编：210004（ADD.：110 JIANYE ROAD, NANJING, CHINA, 210004）

业务电话 TEL.：86-25-84469999 ext.2224

业务传真 FAX：86-25-84208666，86-25-84209898

公司电邮 E-MAIL：js2@publicl.ptt.js.cn

进口商日本东京国际贸易株式会社是一家从事日用品、办公用品、礼品、玩具、超细纤维产品、服装、食品等进出口业务的贸易机构，所采购的产品全部供应到日本大型连锁超市，该公司长期从中国江苏进口毛绒玩具并具有良好的信誉。该公司详细名称及地址如下：

NAME：TOKYO INTERNATIONAL TRADING CO., LTD.

ADD.：14/F EMPIRE BLD, TOKYO, JAPAN

TEL.：: 81 (0) 5221-7636-323 FAX：81 (0) 5221-7636-333

生产商扬州童乐玩具股份有限公司，创建于1988年，位于占我国长毛绒玩具生产量80%以上的扬州，是一家集研发设计、生产、销售于一体的专业毛绒玩具制造企业，主要生产销售各类长毛绒玩具、短毛绒玩具、布料玩具、饰品玩具、音乐玩具、小挂件等，是国盛公司出口毛绒玩具的最大供货商。

该公司拥有先进的生产设备，上百名熟练的生产工人，一批专业的新产品主创、设计、研发人员。近年来，该公司本着互利共赢的原则，与国盛公司合作，在追求毛绒玩具外观新颖性的同时，进一步对毛绒玩具的功能性和实用性等附加价值加大了研发力度，所生产的产品受到了美国、欧洲及东南亚等国家和地区商家的青睐和赞誉，已成为行业中具有综合竞争力的资深供应商。

一直以来，该公司员工以勤奋实干的敬业精神、专业严谨的工作作风、高效融洽的团队意识及孜孜以求的创新精神，在广大客户和合作伙伴中，造就了良好的企业形象，赢得了长期持续的成长业绩。在毛绒玩具的生产、制作过程中，全员树立质量优质意识。质检人员一律经过专业培训，负责对每一个环节进行查验，注重细节，实行“初筛、复核、终鉴”制度，使企业产品成为“中国产品质量万里行”毛绒玩具类中国家免检毛绒玩具制造商。

公司名称：扬州童乐玩具股份有限公司

公司英文名称：YANGZHOU PARADISE CO., LTD.　　公司法定代表人：肖龙天一

公司地址：扬州市江阳工业园小官桥路 3—2#

公司网址：http://www.yztxw.com/gy.htm

公司电话：86-514-7302088　86-514-7302056

公司传真：86-514-7638188　86-514-7638156

邮政编码：225008

2．业务情况

2013 年 7 月 1 日，日本东京国际贸易株式会社国际采购部人员松尾浩山通过互联网，查到江苏国盛公司出口的毛绒玩具产品信息，认为国盛公司的产品很有特色，于是传真联系国盛公司，希望与其建立业务联系。国盛公司外贸业务员沈慧接到传真后，即刻友好回复，其后双方就产品介绍、询盘、报盘等进行了反复多次的邮件往来。

2013 年 7 月 11 日，沈慧应松尾浩山的要求，将扬州童乐玩具股份有限公司生产的货号为 BFT008 的 10 个毛绒熊样品寄出，该样品的相关信息如下：

原 产 地：中国扬州　　商　　标：PARADISE

品　　名：FLUFFY BEAR（毛绒熊）　　产品型号：BFT008

含 税 价：48 元人民币/只　　增值税率：17%

包装方式：每只装入一个塑料袋，10 只装入一个标准出口纸箱

包装尺寸：57cm×40cm×40cm

毛　　重：5 公斤/箱　　净　　重：4.5 公斤/箱

产品产量：10 000 只/月　　最低起订量：2 000 只

付款方式：交货时付款　　交货地点：工厂交货

毛绒玩具样品

松尾浩山收到样品后，将它分别出样到不同的玩具市场，反响强烈，深受欢迎。松尾浩山决定先试订一个20'货柜，2013年7月22日，双方通过电话进行磋商，最终敲定交易结果。具体如下：

Name of Commodity: Fluffy Bear

Art No. : BFT008 Qty: 5480PCS

Unit Price: USD8.08/PC Payment Term: T/T in Advance

Price Term: CFR Tokyo Time of Delivery: Not later than Aug 31,2014

7月23日，沈慧填写合同审批表，报部门主管及分管副总同意后，拟制出口销售合同，传真给松尾浩山会签。

7月25日，沈慧与扬州童乐玩具股份有限公司签订了购销合同。

8月10日，扬州童乐玩具股份有限公司告知沈慧可在8月18日前交货。沈慧立即通知单证部办理订舱手续。单证部于当天填制货物明细单，交货代中远南京分公司委托其代为订舱。翌日，中远南京分公司将订舱信息反馈，具体如下：

Date of Shipment: 20130822 Vessel Name: Suiyue V.0036

Port of Shipment: Yangzhou Port of Discharge: Tokyo

8月16日，扬州童乐玩具股份有限公司按合同包装要求打包，并将包装信息传真告知沈慧。沈慧在催促买方汇款的同时，通知单证部制作发票、箱单等有关单据。

8月17日，国盛公司单证员出具委托书委托扬州童乐玩具股份有限公司办理普惠制产地证证书及其他有关手续。

8月19日，国盛公司财务部门确认该批货款已到账。

8月20日，货代安排集卡车提一20'空箱至扬州童乐玩具股份有限公司装箱，并于当天下午送至扬州港港区后办理报关手续。

8月21日，扬州海关对该批出口货物放行。

8月22日，扬州港港区安排货物装船。国盛公司单证员当天确认电子提单，并给东京国际贸易株式会社及其指定的保险公司同时发送了装运通知。

3.3.4 实训任务

任务 1：通过互联网了解毛绒玩具的款式、材质、主要出口市场、主要贸易国的进口管制条件及市场价格，查阅2013年相关资料，了解不同材质毛绒玩具的HS编码、海关监管条件、检验检疫类别、出口退税率等通关管制政策，制定本出口业务的操作流程。

任务 2：请根据公司业务员和供货商提供的有关出口费用信息和产品资料，进行成本核算，并填写出口成交核算表，相关出口费用和产品信息如下：

出口到日本东京的 20'集装箱的国内运费：850 元人民币/箱，港杂费：600 元/箱，认证费：80 元/票，业务费：1 000 元/票，其他费用 800/票；

银行费用率（T/T 方式下）：0.1%

银行贷款年利率：6%（预计垫款期限为 2 个月）　业务定额费率：3%

出口检验检疫报检费：150 元/20'集装箱

报关查验费：350 元人民币/20'集装箱　出口退税率：13%

海运运费：USD500 每 20'集装箱　其他国内费用：1 000 元人民币

预计成本利润率：20%　假设当日美元的买入价：USD1=CNY6.10

任务 3：请以电话交流的形式与实训指导老师指定的买方扮演者进行交易磋商，磋商内容应包括品名、货号、单价、装运期、付款等主要交易条款，付款方式应由买方提出的后 T/T，变为卖方坚持的前 T/T，并就价格问题进行至少两次以上的报价和还价。要求：全程请使用英语，应配有一名指导老师观摩。

任务 4：请根据磋商结果，填写合同审批表，报部门主管及分管副总同意后，独立拟制外销合同交买方会签。

任务 5：请电话联系国际货代公司，委托其办理租船订舱手续和出口报关业务，并将出口货物明细单交货代公司。

任务 6：合同签好后，结合外销合同有关规定进行备货，并填制、商业发票和装箱单（备注：实训中组织货源环节略去）。

任务 7：查询该出口商品的 HS 编码，确定该商品是否为出口法检商品，如属法检商品，请以报检员的名义，按照报检程序申请报检，并以产地证有权签字人的名义办理普惠制产地证。

任务 8：接银行到账通知后，去银行对应收款项进行审核确认，并办理划拨手续。

任务 9：请准备好报关文件交货代公司。

任务 10：请以货代公司业务员的名义办理提箱、做箱、送重箱进堆场的手续。

任务 11：请以货代公司报关员的名义向海关办理代报关手续。

任务 12：在收到船公司的提单时请审核提单。

任务 13：请拟制装运通知，并传真给国外买方。

任务 14：请对全套单据进行审核，并将单据以快递方式及时寄交国外买方。

任务 15：请书写业务善后函。

任务 16：请准备单据去国税局办理退税手续。

任务 17：将资料整理归档。

3.3.5 实训用单据

江苏国盛进出口贸易股份有限公司出口成交核算表

填表日期： 年 月 日 编号：

品 名		规格		单位		数量	
出口合同号		付款方式		贸易国别		价格条件	
单位成本		总成本		商流费率		商流费额	
出口单价		出口总额			外币折美元 8=7x 折算率		
目的港		运输方式			外币运费		
美元对人民币汇率		保险条件			外币保费		
退税率		退税金额			外币佣金、折扣额		

出口净收入 FOB（美元）USD	出口净收入（折人民币）
人民币国内总成本 ¥	税后盈亏额 ¥

换汇成本	税前成本	/美元
	税后成本	/美元

业务员签字： 业务部经理：

主管经理签字： 总会计师签字：

江苏国盛进出口贸易股份有限公司出口合同审核单

项目名称：

商品名称	型号规格	数量	报价	合同金额	交货期	买方	备注

签约报告：

经办人：

年　月　日

单　　位	意　　见	签　　名	日　　期
部门经理			
财务经理			
公司领导			

江苏国盛进出口贸易股份有限公司

JIANGSU　GUOSHENG　IMPORT & EXPORT　TRADING　CORPORATION

NO.110. JIANYE　ROAD ,NANJING, 210004 CHINA

正本
（ORIGINAL）

Bank：Bank of China Jiangsu Branch

电话（TEL）86-25-84469999（100lines）A/C NO.0441380900 10000062　　编号 No.________________

电子信箱（Email）js2@publicl.ptt.js.cn　　日期 Date:________________

传真（Fax）：86-25-84208666/84209898　　订单号 Order No.________________

售 货 合 同

SALES　CONTRACT

买受人 Buyer：____

地址 Address：____

传真 Fax：__________电子邮箱 E-mail：__________电话 Tel.：__________网址 WWW：__________

兹经买受人和出卖人双方同意成交下列商品订立条款如下：

The undersigned the Seller and Buyer have agreed to close the following transactions according to the terms and conditions stipulated below:

货　号 Article Number	品名规格及商标 Description of Goods、Trade Mark	数　量 Quantity	单　价 Unit price	金　额 Amount

1．装运期：

Date of Shipment:

2．装运口岸和目的地　　由　　至　　不准许分批和转船。

Loading Port & Destination From　　To　　transshipment and partial shipments not allowed.

3．保险：□由出卖人发票金额 110%投保一切险及战争险，按 1981 年 1 月 1 日中国人民保险公司条款负责。□由买受人自理。

Insurance：□To be effected by the seller for 110% of invoice value against ALL Risks and War Risks as per P.I.C.C.dated1/1 1981.

□To be effected by the buyer.

4．支付方式：　□电汇　□信用证　□托收　□赊销　□其他支付方式

Terms of payment:　□T/T　□L/C　□D/P　□D/A　□O/A　□Others

Payment: 30% of the sales proceeds paid in advance by T/T within 15 days after the date of contract, pay the balance by T/T within 30 days after the arrival of goods.

5．在出卖人未收到全部货款前，货物所有权仍归出卖人。

The property of the goods will not turn to the buyer from the seller unless the seller gets the whole payment of the goods.

6．品质数量异议，索赔：如果货到目的口岸买受人对品质/数量/有异议时，可以凭出卖人同意的公证

机构出具的检验报告，在货到目的口岸 30/15 天内向出卖人提出索赔，出卖人将根据实际情况考虑理赔或不理赔，对所装货物所提出任何异议属于保险公司、轮船公司其他有关运输机构或邮递机构所负责者，出卖人不负任何责任。

Quality/quantity discrepancy and claim: In case discrepancy on the quantity/quantity of the goods is found by the buyer after the arrival of the goods at the port of destination, the Buyer may, within 30/15 days after the arrival of the goods at the port of destination, lodge with the Seller a claim which should be supported by an inspection Certificate of quality/quantity issued by a surveyor accepted by the Seller. The Seller shall , on the merits of the claim, either make good the loss sustained by the Buyer or reject his claim. It is understood that the seller shall not be liable for any discrepancy of the goods shipped due to causes for which the insurance Company.

7．本合同所述全部或部分商品。如因战争或其他人力不可抗拒的原因，以至不能履行或延迟交货，出卖人概不负责。

The Seller shall not be held liable for failure or delay in delivery of the entire lot or a protion of the goods under the Sales Contract in consequenc of War or any other Force Majeure incidents.

8．买受人于收到本合同后请立即签回一份，如买受人对本合同有异议，应于收到后五天内提出，否则认为买受人已同意接受本合同所规定的各项条款。

The Buyer is requested to sign and return one copy of this Sales Contract immediately after receipt of the same, Objection, if any, should be raised by the Buyer within five days after the receipt of this Sales contract, in the absence of which it is understood that the Buyer has accepted the terms and conditions of the Sales Contract.

9．争议的解决：凡因执行本合同所发生的或与本合同有关的一切争议，应由双方通过友好协商解决。如协商不能解决，应提交中国国际经济贸易仲裁委员会根据该会的仲裁规则进行仲裁，仲裁裁决是终局的，对双方均有约束力；或出卖人所在地人民法院，通过诉讼解决。

Dispute resolution: All disputes arising from the execution of, or in connection with this S/C, shall be settled amicably through friendly negotiation. In case no settlement can be reached through negotiation, the case shall then be submitted to China international Economic and Trade Arbitration Commission for arbitration which shall be conducted in accordance with the Commissions Arbitration rules effect at the time of applying for arbitration. The arbitral award is final and binding upon both parties; or □the People's Court's locality of the seller for litigation procedure.

10．法律适用：本合同的签订、修改、补充、中止以及与本合同有关的争议的解决等。适用中华人民共和国有关法律规定。同时，本合同受 incoterms 2000 的约束。

Governing law: it is understood that the signing, amendment, termination and dispute resolution of this S/C are in accordance with relevant laws of the People's Republic of China. Mean while, this Sales Contract is governed by incoterms 2000.

买受人签署 **Buyer**	出卖人签署 **Seller**

毛绒玩具产品国内购销合同

供方：		合同编号：	
需方：		签订地点：	

根据《中华人民共和国合同法》之规定，甲乙双方在平等、自愿的基础上，经友好协商，就甲方________________乙方________________，达成以下协议，以资信守。

产 品 名 称	产 品 描 述	单位	数量	单价	小计
合计（大写）：			合计（小写）：		
备注：					

付款方式：

交货时间：

运输及费用：

保险及费用：

供　方		需　方		鉴（公）证意见	
单位名称：		单位名称：			
单位地址：		单位地址：			
法定代表人：		法定代表人：			
委托代理人：		委托代理人：			
电　话：		电　话：			
税务登记号：		税务登记号：		经办人：	
开户银行：		开户银行：			
账　号：		账　号：		鉴（公）证意见（章）	
邮政编码：		邮政编码：		日期：	

出口货物委托运输合同

（货物明细单）

受托人（承运人或货运代理人）：中国远洋运输公司

委托人（即托运人）：江苏国盛进出口贸易股份有限公司

（Shipper）：JIANGSU GUOSHENG IMPORT & EXPORT TRADING CORPORATION

日期：

根据《中华人民共和国合同法》与《中华人民共和国海商法》的规定，就出口货物委托运输事宜订立合同。

银行编号				运输编号			
信用证号				开证日期			
合同号							
海关编号							
贸易国别				消费国别			
贸易性质		佣金%		扣除方式			
汇票期限		折扣%		其他费用			
选择增减							
出口口岸							
目的港							
装期		可否转船		可否分批			
效期		交单期					
运费预付		运费到付		正本提单		副本提单	
毛重（公斤）		净重（公斤）					
体积（m^3）		总数量					

标志唛头：

制定货代信息				总件数		包装	
货代电话邮政编码		运费		确认		总货名	
提单或承运收据	抬头人			开证行			
	通知人						

托运人本公司注意事项	货 物 描 述					总值（价格条件）	
许可证号码：							
法定商检：							
有进料不超过 20%	来料加工	来料费		加工费		FOB 价	

注意事项 受托人		发运信息	
	附件单据：1．发票 份 2．装箱单 份 3．报关单 份 4．核销单 份 5．许可证 份	制单员	

江苏国盛进出口贸易股份有限公司

JIANGSU　GUOSHENG　IMPORT & EXPORT　TRADING　CORPORATION

110　JIANYE　ROAD ,NANJING CHINA　A P.C.：210004

FAX：　86-25-84208666　84209898

URL：www.slggroup .com　Email：js2@public1.ptt.js.cn

INVOICE

TO: ______________________________

____

发 票 号 码 ______________
Invoice Number

合约号码
S/C　No. ______________

发 票 日 期
Date of Invoice ______________

装 船 口 岸
From ______________________________

目 的 港
To ______________________________

信用证号码
L/C No. ______________________________

开证银行
Issued by ______________________________

唛 头 号 码 **Marks and Numbers**	数 量 与 货 品 名 称 **Quantities　and　Descriptions**	总　　值 **Amount**

Signature（签名）：________

江苏国盛进出口贸易股份有限公司

JIANGSU GUOSHENG IMPORT & EXPORT TRADING CORPORATION

装 箱 单

PACKING LIST

Messer:

Invoice No.: ____________________

Invoice Date : ____________________

S/C No. : ____________________

Transport details:

Terms of payment : ____________________

Shipping Marks:

C/No	Nos. & kind of PKG	DESCRIPTION	QTY.	G.W.	N.W.	MEAS.

JIANGSU GUOSHENG IMPORT & EXPORT TRADING CORPORATION

Stamp（印章）

中华人民共和国出入境检验检疫
出境货物报检单

报检单位（加盖公章）： *编号：

报检单位登记号： 联系人： 电话： 报检日期： 年 月 日

发货人	（中文）	
	（外文）	
收货人	（中文）	
	（外文）	

货物名称（中/外文）	HS 编码	产地	数/重量	货物总值	包装种类及件数

运输工具名称号码		贸易方式		货物存放地点	
合同号		信用证号		用途	
发货日期		输往国家（地区）		许可证/审批号	
起运地		到达口岸		生产单位注册号	
集装箱规格、数量及号码					

合同、信用证订立的检验检疫条款或特殊要求	标记及号码	随附单据（划“√”或补填）	
		□合同 □信用证 □发票 □换证凭单 □装箱单	□厂检单 □包装性能结果单 □许可/审批文件 □ □

需要证单名称（划“√”或补填）		*检验检疫费
□品质证书 □重量证书 □数量证书 □兽医卫生证书 □健康证书 □卫生证书	□动物卫生证书 □植物检疫证书 □熏蒸/消毒证书 □出境货物换证凭单 □通关单	总金额（人民币元）： 计费人： 收费人：

报检人郑重声明：	领取证单
1．本人被授权报验。	日期
2．上列填写内容正确属实，货物无伪造或冒用他人的厂名、标志、认证标志，并承担货物质量责任。 签名：_______	签名

注：有“*”号栏由出入境检验检疫机关填写。

中华人民共和国海关出口货物报关单

预录入编号　　　　　　　　　　　　　　　　　　　　海关编号

出口口岸	备案号	出口日期		申报日期
经营单位	运输方式	运输工具名称		提运单号
发货单位	贸易方式	征免性质		结汇方式
许可证号	运抵（国/地区）	指运港		境内货源地
批准文号	成交方式	运费	保费	杂费
合同协议号	件数	包装种类	毛重（公斤）	净重（公斤）
集装箱号	随附单据			生产厂家
标记唛码及备注				

项号	商品编号	商品名称规格型号	数量及单位	最终目的地国/地区	单价	总价	币制	征免

税费征收情况

录入员　　录入单位	兹声明以上申报无讹并承担法律责	海关单批注及放行日期（签章） 审单　　审价
报关员	申报单位（签章）	征税　　统计
单位地址 邮编	电话　　填制日期	查验　　放行

JIANGSU GUOSHENG IMPORT & EXPORT TRADING CORPORATION

ADVICE OF SHIPMENT

DATE:

Dear sirs ,

We are pleased to inform you of the shipping details as follows:

Description:

Style NO.:

Quantity:

Name & Voyage of vessel:

ETD:

ETA:

Port of Loading:

Port of Destination:

Amount:

Please arrange insurance accordingly.

Your faithfully.

Shipper（装货人）		B/L No.:	
Consignee（收货人）		**COSCO**	
		BILL OF LADING	
Notify Party（受通知人）		**中 国 远 洋 运 输 公 司**	
		CHINA OCEAN SHIPPING COMPANY	
*Pre carriage by	*Place of Receipt		
Ocean Vessel Voy. No.（船名航次号）	Port of Loading	**ORIGINAL**（正本提单）	
Port of discharge	*Final destination	Freight payable at	Number original Bs/L
Marks and Numbers	Number and kind of packages ;Description	Gross weight	Measurement m^3
TOTAL PACKAGES (IN WORDS)			
Freight and charges			
		Place and date of issue	
		Signed for the Carrier	
*Applicable only when document used as a Through Bill of lading.			

ORIGINAL（普惠制）

<table>
<tr><td colspan="3">1. Goods consigned from (Exporter's business name, address, country)</td><td colspan="3" rowspan="2">Reference No.
GENERALIZED SYSTEM OF PREFERENCES
CERTIFICATE OF ORIGIN
(Combined declaration and certificate)
FORM A
IssuedinTHE PEOPLE'S REPUBLIC OF CHINA

(country)
See Notes overleaf</td></tr>
<tr><td colspan="3">2. Goods consigned to (Consignee's name, address, country)</td></tr>
<tr><td colspan="3">3. Means of transport and route (as far as known)</td><td colspan="3">4. For official use</td></tr>
<tr><td>5. Item number</td><td>6. Marks and numbers of packages</td><td>7. Number and kind of packages; description of goods</td><td>8. Origin criterion (see Notes overleaf)</td><td>9. Gross weight or other quantity</td><td>10. Number and date of invoices</td></tr>
<tr><td colspan="3">11. Certification
It is hereby certified, on the basis of control carried out, that the declaration by the exporter is correct.

Place and date, signature and stamp of certifying authority</td><td colspan="3">12. Declaration by the exporter
The undersigned hereby declares that the above details and statements are correct, that all the goods were
produced in
--------------------------CHINA---------------------
(country)
and that they comply with the origin requirements specified for those goods in the Generalized System of Preferences for goods exported to
----
(Importing Country)

Place and date, signature and stamp of authorized signatory</td></tr>
</table>

3.3.6　实训小结

出口毛绒玩具综合实训项目

个人实训小结

班级：　　　　　　姓名：　　　　　　学号：　　　　　　组别：　　　　日期：

本人实训任务完成情况和感想：   对实训的建议：   实训表现的自我评价：　　　　　　　　　　组长（签名）：

实训子项目任务完成情况考核表

实训子项目任务名称：

学生姓名：　　　　学号：　　　　　班级：　　　　　____年____月____日

任务内容		完成情况（每项内 0～n 为得分区间，右侧框内填实际得分） 全部满分为 100 分								
序号	任务名称	工作态度/独立主动		团队意识/协调能力		沟通能力/方法能力		单证制作及业务操作能力		小计
1	项目资讯和计划	0～1		0～1		0～2		0～6		
2	项目审批	0～1		0～1		0～4		0～4		
3	对外磋商和签约	0～1		0～1		0～2		0～6		
4	审证或对外开证	0～1		0～1		0～2		0～6		
5	租船订舱	0～1		0～1		0～2		0～6		
6	报检	0～1		0～1		0～2		0～6		
7	报关	0～1		0～1		0～2		0～6		
8	办理保险/换取提单	0～1		0～1		0～2		0～6		
9	办理结汇或付款	0～1		0～1		0～2		0～6		
10	善后及资料归档	0～1		0～1		0～2		0～6		
	综合评定									

评定意见：

考核人签字：　　　　　　年　　　月　　　日

学生反馈意见：

学生签字：　　　　　　年　　　月　　　日

第 4 章
进口业务实训

4.1 进口冷轧不锈钢带材（CIF L/C）项目

4.1.1 实训目标

本实训项目要求学生以傲视眼镜（丹阳）有限责任公司外贸业务员身份进行市场寻购和交易磋商，与国外卖方签订进口不锈钢带材（CIF L/C）合同，并根据合同履行需要，在不同环节分别扮演跟单员、单证员、报检员、报关员和货运代理员，完成整笔进口合同。通过实训，使学生掌握 CIF 成交条件和信用证结算方式下，进口业务操作的全过程。

4.1.2 实训要求

参加综合实训的学生，应在该项目实训开始前，回顾 CIF 成交条件和信用证结算方式下进口业务的工作程序，通过互联网了解冷轧不锈钢带材的型号、规格、用途、特性、国际市场价格及主要供应市场，查阅当年《中国海关报关实用手册》（海关总署政策法规司）等资料，了解冷轧不锈钢带材的 HS 编码、海关监管条件、检验检疫类别等进口管制政策，制定本进口业务的操作流程，完成本进口贸易合同。

指导教师应具备进口操作的理论知识和实际工作经验。可以根据项目的要求担任部门经理，主要负责指导、组织、监测具体实训过程和过程考核，有的放矢地根据学生在仿真操作中出现的错误和问题进行修正和讲解，帮助学生解决实训中出现的其他问题，控制实训进度；同时可作为相关部门（国内生产商、海关、质检总局、商务部银行及有关管理部门）的办事人员审核相关事宜及证件，以及项目结束后的总结点评和项目考核等。参加综合实训的学生，应按照本实训所涉及的进口业务环节进行角色扮演，完成项目指定的各个实训任务，并注意业务流程的正确性、规范性和系统性。

4.1.3 实训项目介绍

1. 业务背景

进口商傲视眼镜（丹阳）有限责任公司（以下简称“傲视公司”）是江苏镇江地区专业眼镜公司之一，具有进出口经营权和电子口岸 IC 卡，公司信息已录入《贸易进口付汇监管系统》并被外汇管理局列入“对外付汇进口单位名录”。公司业务部有外贸业务员、跟单员、单证员、报检员和报关员。

该公司在海关登记注册的经营单位编码是 3221933333，在商检局注册登记的报检单位登记号为3220200118，国家质监局核发的组织机构代码为4670075623，工商局核准的生产经营单位注册号为QS3223503328，企业银行基本账户账号：1104010309000053077。

地址：丹阳市丹北路12号　　电话：+86-511-85110888
传真：+86-511-85110889　　网址：http://www. whashi.com
电邮：whashi @126.com
Whashi Glasses（DanYang）Co., Ltd.
Add.：12 Danbei Rd., DanYang，JiangSu，P. R. China
Tel.：+86-511-85110888　　Fax：+86-511-85110889
Web：http://www. whashi.com　　E-mail：whashi @263.com

出口商日本名古屋的NISSUN METAL INDUSTRY CO., LTD.（以下简称“NISSUN公司”）是一家具有30多年历史的国际知名企业，其生产经营的特种金属材料和制品质量上乘，尤其是镜框用冷轧不锈钢带材更是享誉全球，曾与我国多家企业做过相关业务。

2. 业务情况

近日，傲视公司拟开展镜框材料的进口业务，并将项目交本公司业务部办理。业务部接手此项目后，即进行了多方调研和查询，最终选择了日本的NISSUN公司作为供货商。

经过接洽，傲视公司拟进口NISSUN公司生产的特种冷轧不锈钢带材500公斤（材料规格为7×1.2mm±0.05mm），计划用于制作高档眼镜框架。公司业务员对拟进口的商品进行了商品归类，并查阅了国家对该类商品的贸易管制规定，了解到该进口冷轧不锈钢带材的商品编码（HS）为7220900000，属于法定检验商品，未实施进口许可证和配额管理。

双方经多次磋商最终签署了如下合同。

CONTRACT

No.: PC-071223
Date：NOV. 12, 2012

Buyer: Whashi Glasses（DanYang）Co., Ltd.
No. 12 Danbei Rd., DanYang, JiangSu, P.R. China
Tel. No.: +86-511-85110888
Fax. No.: +86-511-85110889
Seller: Nissun Metal Industry Co., Ltd.
18-203 Sun Building, Rd. Sakula, Nagoya 450-**77, Japan
Tel. No.: 052-584-**44
Fax. No.: 052-584-**45

This CONTRACT is made by and between the Buyer and the Seller; whereby the Buyer agrees to buy and the Seller agrees to sell the under-mentioned goods on the terms and conditions stated below:

(1) Name of Commodity, Specifications, Packing	(2) Quantity（KG）	(3) Unit Price（JPY）	(4) Total Amount（JPY）	(5) Shipment
Cool Rolled Stainless Steel Sheet 7×1.2mm±0.05 mm, Packages: 50 CTNS	500	4,520	CIF ZHENJIANG 2,260,000	Before Feb 20, 2013

（续）

(6)Shipping marks：　PC-071223
CTN.NO.1—50
WHASHI GLASSES
DANYANG, P.R. CHINA
MADE IN JAPAN

(7) Terms of Payment: Upon receipt from the Seller of the advice as to the time and quantity expected ready for shipment, the Buyer shall open, 20 days before shipment. with the Bank of China, an irrevocable Letter of Credit in favor of the Seller payable by the opening bank against sight draft accompanied by the documents as stipulated in Clause (8) of this Contract.

(8) Documents: To facilitate the Buyer to cheek up, all documents should be made in a version identical to that used in this contract.

A. Complete set of Clean on Board Shipped Bill of Lading made out to order，blank endorsed，notifying the Applicant.

B. Invoice: indicating contract number, number of the Letter of Credit.

C. Packing List and/or Weight Memo: indicating gross and net weights of each package.

D. Certificates of Quality and Quantity/Weight of the contracted goods issued by the manufactures. Quality Certificate to show actual results of tests to be made, on mechanical properties and all other tests called for by the Standard stipulated hereon.

E. Copy of telegram advising shipment according to Clause (10) of this Contract.

Documents required / Number of Copies / To be distributed	A	B	C	D	E
To the negotiating bank(original)	3	4	3	3	1
To the negotiating bank(duplicate)	1				
To the Transportation Corporation at the port of destination by airmail(duplicate)	2	3	2	2	

(9) Terms of Delivery

A. For the goods ordered in this contract, the carrying vessel shall be arranged by the buyer or the Buyer's Shipping Agent China National chartering corporation. The seller shall bear all the charges and risks until the goods are effectively loaded on board the carrying vessel.

B. The seller shall advise the buyer by cable, and simultaneously advise the buyer's agent at the loading port, 30 days before the contracted time of shipment, of the contract number, name of commodity, quantity, loading port and expected date of arrival of the goods at the loading port, enabling the buyer to arrange for shipping space. Absence of such, advice within the time specified above shall be considered as seller's readiness to deliver the goods during the time of shipment contracted and the buyer shall arrange for shipping space accordingly.

C. The Buyer shall advise the seller by cable, 10 days before the expected loading date, of the estimated laydays, contract number, name of vessel, quantity, to be loaded and shipping agent. The seller shall then arrange with the shipping agent for loading accordingly, In case of necessity for substitution of vessel or alteration of shipping schedule, the Buyer or shipping agent shall duly advise the seller to the same effect.

（续）

D. In the event of the seller's failure's failure in effecting shipment upon arrival of the vessel at the loading port, all losses, including dead freight, demurrage fines etc. thus incurred shall be for seller's account. If the vessel fails to arrive at the loading port within the laydays. Previously declared by the shipping agent, the storage charges and insurance premium form the 16th day after expiation of the free storage time at the port shall borne be by the Buyer. However, the seller shall be still under the obligation to load the goods on board the carrying vessel immediately after her arrival at the loading port, at their own expenses and risks. The expenses and losses mentioned above shall be reimbursed against original receipts or invoices.

(10) Advice of Shipment: the Sellers shall upon competition of loading, advise immediately the Buyers and the insurance company by cable of the contract number，name of commodity, number of packages, gross and net weights, invoice Value, name of vessel and loading date.

(11) Insurance: To be covered by the buyer from shipment, for this purpose the seller shall advise the by cable of the particulars as called for in clause (10) of this contract, In the event of the buyer being unable to arrange for insurance in consequence of the seller's failure to send the above advice, the seller shall be held responsible for all the losses thus sustained by the Buyer.

(12) Inspection and Claim: The Buyers shall have the right to apply to the General Administration of Quality Supervision, Inspection and Quarantine of the People's Republic of China（AQSIQ）for inspection after discharge of the goods at the port of destination. Should the quality and / or quantity / weight be found not in conformity with the contract or invoice, the Buyers shall be entitled to lodge claims with the Sellers on the basis of AQSIQ's Survey Report, within 90 days after discharge of the goods at the port of destination, with the exception, however, of those claims for which the shipping company and / or the insurance company are to be held responsible. all expenses incurred on the claim including the Inspection fee as per the AQSIQ Inspection certificate are to be borne by the Sellers.

(13) Force Majeure：（略）

(14) Arbitration：（略）

Buyer：（SIGN）	**Seller：（SIGN）**
Washi Glasses（DanYang）Co., Ltd.	**NISSUN METAL INDUSTRY CO., LTD.**
李天天	SUN BUILDING 18-203， SAKULA-KU，
	NAGOYA 450-**77，JAPAN
	Charle

3. 实训任务

任务1：请根据需要，办理进口付汇备案手续，填写购汇用汇申请书。

任务2：请填写开证申请书，作好付款准备。

任务3：国外出口商收到信用证后，提出了改证申请，请根据合同，并结合实际需要，查看信用证内容，决定是否同意出口商提出的改证要求，如果同意修改，请办理改证手续，填写信用证改证申请书；如果不同意修改，请函告卖方。

受益人发来的改证函如下：

NISSUN METAL INDUSTRY CO., LTD.

SUN BUILDING 18-203, SAKULA-KU, NAGOYA 450-**77, JAPAN

Tel. No.: 052-584-**44　Fax. No.: 052-584-**45

DEAR SIR:

WE ARE PLEASURE TO RECEIVE YOUR CREDIT DATED 20121216 NO. HH123 ISSUED BY BANK OF TOKYO-MITSUBISHI UFJ LTD.,OSAKA, JAPAN, BUT WE DON'T EFFECT SOME TERMS. PLEASE INSTRUCT THE ISSUING BANK TO AMEND YOUR CREDIT AS SOON AS POSSIBLE. AMENDMENT IS AS FOLLOWS:

1) 31D EXPIRY DATE '130320' I/O '130302'.

2) 44C LATEST DATE OF SHIPMENT '130305' I/O '130220'.

3) 45A DESCRIPTION OF GOODS 'CONTRACT NO.:PC-071223' I/O 'CONTRACT NO.: PC-0712233'.

4) 46A DOCUMENTS REQUIRED ARTICLE NO.5 AMENDED AS 'CERTIFICATE OF QUANTITY IN 3 FOLDS ISSUED BY SGS.' I/O'CERTIFICATE OF QUANTITY/WEIGHT IN 3 FOLDS ISSUED BY MANUFACTURER'.

WAITING FOR YOUR REPLY SOON.

YOUR FAITHFULLY,

TANADA

中国银行江苏省分行对外开出的信用证全文如下：

0109 07BKCHCNBJ940XXXX71742442
1409 07PNBOTKJPJTOSAXX2522598692
*BANK OF TOKYO-MITSUBISHI UFJ LTD.,
OSAKA, JAPAN

	700 01
SEQUENCE OF:	27 :　1/1
FORM OF DOC. CREDIT	40A: IRREVOCABLE
DOC.CREDIT NUMBER	20: HH123
DATE OF ISSUE	31C: 121216
EXPIRY	31D: DATE 130302 PLACE JAPAN
APPLICANT	50: WHASHI GLASSES (DANYANG) CO.,LTD. NO.12 DANBEI RD. DANYANG, P.R.C. TEL. NO.: 0511-8620004 FAX NO.: 0511-58620005
BENEFICIARY	59: NISSUN MEGTAL INDUSTRY CO., LTD.

18-203 SUN BUILDING, RD. SAKULA, NAGOYA
450-0077, JAPAN

AMOUNT	32B:	CURRENCY JPY AMOUNT 2,260,000.00
AVAILABLE WITH/BY	41D:	ANY BANK BY NEGOTIATION
DRAFTS AT	42C:	SIGHT
DRAWEE	42A:	BANK OF CHINA, JIANGSU BRANCH
PARTIAL SHIPMENTS	43P:	PROHIBITTED
TRANSSHIPMENT	43T:	PROHIBITTED
LOADING IN CHARGE	44A:	NAGOYA, JAPAN
FOR TRANSPORT TO	44B:	ZHENJIANG, CHINA
LATEST DATE OF SHIP.	44C:	130220
DESCRIPTION OF GOODS	45A:	CONTRACT NO.:PC-0712233 COOL ROLLED STAINLESS STEEL SHEET 7X1.2MM PACKAGES 50 CTNS PRICE TERM: FOB NAGOYA SHIPPING MARK: PC-071223 CTN.NO.1-50 WHASHI GLASSES DANYANG, P.R.CHINA MADE IN JAPAN
DOCUMENTS REQUIRED	46A:	

+SIGNED COMMERCIAL INVOICE IN 4 FOLDS INDICATING L/C NO. AND CONTRACT NO. PC-071223

+FULL SET (3/3) OF CLEAN ON BOARD OCEAN BILLS OF LADING MADE OUT TO ORDER AND BLANK ENDORSED MARKED FREIGHT PREPAID AND NOTIFY APPLICANT.

+PACING LIST/WEIGHT LIST IN 3 FOLDS INDICATING GROSS AND NET WEIGHT OF EACH PACKAGES.

+CERTIFICATE OF QUALITY IN 3 FOLDS ISSUED BY MANUFACTURER. TO SHOW ACTUAL RESULTS OF TESTS TO BE MADE, ON MECHANICAL PROPERTIES AND ALL OTHER TESTS CALLED FOR BY THE STANDARD STIPULATED HEREON.

+CERTIFICATE OF QUANTITY/WEIGHT IN 3 FOLDS ISSUED BY MANUFACTURER.

+BENEFICIARY'S CERTIFIED COPY OF TELEX/FAX DISPATCHED

TO THE APPLICANT WITHIN 5 DAYS AFTER SHIPMENT ADVISING GOODS NAME, QUANTITY, WEIGHT, VALUE, NAME OF VESSEL, NO. OF PACKAGES, CONTRACT NO. AND DATE OF SHIPMENT.

ADDITIONAL COND.	57A:	ON DECK SHIPENT IS NOT ALLOWED.
DETAILS OF CHARGES	71B:	ALL BANKING CHARGES OUTSIDE THE OPENING BANK ARE FOR BENEFICIARY'S ACCOUNT.
PRESENTATION PRIOD	48:	DOCUMENTS TO BE PRESENTED WITHIN 15 DAYS AFTER THE DATE OF SHIPMENT BUT WITHIN THE VALIDITY OF THIS CREDIT.
CONFIRMATION	49:	WITHOUT
INSTRUCTION	78:	ALL DOCUMENTS ARE TO BE PRESENTED TO US IN ONE LOT BY 1ST AVAILABLE COURIER THROUGH NEGOTIATING BANK. OUR ADDRESS IS: BANK OF CHINA, JIANGSU BRANCH, NO.148 SOUTH ZHONGSHAN ROAD, NANJING, CHINA P.O.BOX 210005.

任务 4：请对开证行转递的单据进行审核，如发现不符点，请列出不符点，并说明如何处理这些不符点。

任务 5：单据审核后，如确认接受单据，则通知银行付款，并去船公司办理换单手续。

任务 6：如该批货物属法检商品，请填写报检单，备齐有关单证，办理进口报检手续。

任务 7：请填写报关单，并备齐有关单证，办理进口报关和提货手续。

任务 8：将全套资料整理归档。

4.1.4 实训用单据

购汇/用汇申请书

中国银行____江苏省____分（支）行：　　　　　　银行业务编号：

我公司为执行第__________号合同项下对外支付，需向贵行购汇。现按外汇局有关规定向贵行提供下述内容及所附文件，请审核并按实际付汇日牌价办理售汇。所需人民币资金从我公司________________号账户中支付。

1．购汇金额：

2．用　　途：□进口商品　□从属费用　□索退赔款　□其他

3．支付方式：□信用证　□代收　□汇款（□货到付款　□预付货款）

4．商品名称：

5．数　　量：

6．合 同 号：　　　　　　金额：

7．发 票 号：　　　　　　金额：

8．□一般进口商品，无须批文

□控制进口商品，批文随附如下：

□进口证明　□许可证　□登记证明　□其他批文

批文号码：　　　　　　批文有效期：

9．附件：□批文　□合同/协议　□发票　□正本运单

□报关单　□运费单/收据　□保险费收据

□佣金单　□关税证明　□仓单　□其他

申请单位________盖章

年　月　日

银行审核意见：

上述内容与随附文件/凭证描相符，拟按申请书要求办理售汇。

经办人：　　　　复核人：　　　　批准人：

售汇日期：________________　　　　经办人：

（加盖售汇专用章）

不可撤销信用证申请书

IRREVOCABLE DOCUMENTARY CREDIT APPLICATION

TO: BANK OF CHINA JIANGSU BRANCH

Beneficiary (full name and address):

Partial shipment: ( ) allowed ( ) not allowed	Latest date of shipment: Date of expiry:

Loading on board/dispatch/taking in charge
From:
To:
Price term:

Credit available with (   )
(   ) by negotiation / (   ) by acceptance with beneficiary's draft for   % of the invoice value at sight on issuing bank
(   ) by sight payment / (   ) by deferred payment days against the documents detailed herein

Commodity: Shipping mark:

Documents required:

1. (   ) Signed commercial invoice in   folds indicating l/c no. and contract no.

2. (   ) Full set (3/3) of clean on board ocean bills of lading made out to order and blank endorsed marked "freight ( ) prepaid / ( ) freight collect" notify the applicant.

(   ) Air waybill consigned to the applicant notify marked "freight (   ) to collect / (   ) prepaid".

3. (   ) Insurance policy/certificate in   folds for 110% of the invoice value, showing claims pay in China in the currency of the draft, blank endorsed covering

( ) ocean marine transportation / ( ) air transportation / ( ) overland transportation all risks, war risks as per clause.

4. ( ) Packing list/weight list in   folds indicating gross and net weights of each package.

5. ( ) Certificate of origin in   folds.

6. ( ) Certificate of quantity/weight in   folds issued by ( ) manufacturer / (   ) beneficiary.

7. ( ) Certificate of quality in   folds issued by ( ) manufacturer / (   ) beneficiary.

8. ( ) Beneficiary's certified copy of telex/fax dispatched to the applicant within days/hours after shipment advising contract no., goods name, quantity, weight, value, no. of packages,( )name of vessel / ( ) flight no. and date of shipment.

9. (   ) Beneficiary's certificate certifying that ( ) one set of non-negotiable documents / (   )one set of non-negotiable documents (including 1/3 original b/l) has been dispatched to the applicant directly by courier/speed post.

10. ( ) Certificates of Quality and Quantity / Weight of the contracted goods issued by the manufactures. Quality Certificate to show actual results of tests to be made，on mechanical properties and all other tests called for by the Standard stipulated hereon.

11. (   ) Other documents, if any:

Additional instructions:

1. All banking charges outside the issuing bank are for beneficiary's account.
2. Documents must be presented within   days after the date of shipment but within the validity of this credit.
3. Both quantity and amount   % more or less are allowed.
4. All documents must be sent to issuing bank by courier/speed post in one lot.
5. Other terms, if any:

联系人： 电话号码： 传真号：

申请日期：

<table>
<tr><td colspan="2">信用证修改申请书
APPLICATION FOR AMENDMENT</td></tr>
<tr><td>To:</td><td>Amendment to Our Documentary Credit</td></tr>
<tr><td>Date of Amendment:</td><td>No. of Amendment:</td></tr>
<tr><td>Applicant</td><td>Advising Bank</td></tr>
<tr><td>Beneficiary (before this amendment)</td><td>Amount</td></tr>
<tr><td colspan="2">The above mentioned credit is amended as follows:
□Shipment date extended to

□Expiry date extended to

□Amount increased/decreased by　　　to

□Other terms:

□Banking charges:

All other terms and conditions remain unchanged.

Authorized Signature (s)</td></tr>
<tr><td colspan="2">This Amendment is subject to Uniform Customs and Practice for Documentary Credits (2007 Revision) International Chamber of Commerce Publication No. 600.</td></tr>
</table>

银行转来的出口商的部分单据如下：

B/L No.：MH 71223

Shippe Nissun Metal Industry Co., LTD. 18-203 Sun Building, Rd. Sakula Nagoya 450-**77，Japan Tel. No.: 052-584-**44 Fax. No.: 052-584-**45	中国对外贸易运输总公司 CHINA NATIONAL FOREIGN TRADE TRANSPORTATION CORP
Consignee or order To the shipper's order	直运或转船提单 BILLOF LADING DIRECT OR WITH TRANSSHIPMENT

Notify Party Whashi Glasses (Danyang) Co.,Ltd No.12 Danbei Rd., Danyang, P.R.C and Tel:0511-8620004 Fax:0511-586200		SHIPPED on board in apparent good order and condition (unless otherwise indicated) the goods or packages specified herein and to be discharged at mentioned port of discharge or as near thereto as the vessel may safely get be always afloat.
Pre-carriage by	Place of receipt	The weight, measure,marks and numbers, quality, contents and value, being particulars furnished by the shipper, are not checked by the currier onloading. The shipper, consignee and the holder of this bill of lading hereby
Vessel Ming Hung V.4 01	Port of loading Nagoya，Japan	expressly accept and agree to all printed, written or stampedprovisions. Exceptions and conditions of this Bill of Lading, including those on the back hereof.
Port of discharges Zhenjiang, China	Final destination	IN WITNESS whereof the number of original Bills of Lading stated below have been signed, one of which being accomplished, the other to be void.

Container seal No. or marks and Nos.	Number and kind of packages Description of goods	Gross weight(kgs.)	Measurement (m^3)
PC-071223 CTN No.1-50 WHASHI GLASSES DANYANG, P.R.C MADE IN JAPAN	Cool Rolled Stainless Steel Sheet 7×1.2mm 50 CTNS	550 ON BOARD	6.25 CBMS

REGARDING TRANSSHIPMENT INFORMATION PLEASE CONTACT			Freight and charges FREIGHT PREPAID
Ex. rate	Prepaid at	Freight payable at	Place and date of issue Nagoya, Japan, Jan20, 2013
	Total prepaid	Number of original Bs/L THREE(3)	Signed for or on behalf of the Master as Agent CHINA NATIONAL FOREIGN TRADE TRANSPORTION CORP., NAGOYA

(SINOTRANS STANDARD FORM 4)

SUBJECT TO THE TERMS AND CONDITIONS ON BACK 95c No. 0123450

NISSUN METAL INDUSTRY CO., LTD.

SUN BUILDING 18-203, SAKULA-KU,NAGOYA 450-**77, JAPAN

Tel. No.: 052-584-**44　　Fax. No.: 052-584-**45

COMMERCIAL INVOICE

TO：WHA SHI GLASSES（DANYANG）CO., LTD.　　NO.: EX071223

12 DANBEI RD. DANYANG, P. R. C.　　DATE: DEC.20,2012

TEL. NO.: 0511-8620**4　　CONTRACT NO.: PC-071223

FROM NAGOYA，JAPAN TO ZHENJIANG，CHINA BY SEA

MARKS	DESCRIPTION OF GOODS	QUANTITY （N. W）	UNIT PRICE （JPY/KG）	AMOUNT （JPY）
PC-071223 CTN.NO.1—50 WHASHI GLASSES DANYANG，P.R.CHINA MADE IN JAPAN	Cool Rolled Stainless Steel Sheet7×1.2mm	500KGS	4,520	CIF ZHENJIANG 2,260,000

TOTAL:

SAY JPY TWO MILION AND TWO HANDRED AND SIXTY THOUSAND ONLY.

NISSUN METAL INDUSTRY CO., LTD.

SUN BUILDING 18-203, SAKULA-KU, NAGOYA 450-**77, JAPAN

（STAMP）

NISSUN METAL INDUSTRY CO., LTD.

SUN BUILDING 18-203, SAKULA-KU, NAGOYA 450-**77, JAPAN

Tel. No.: 052-584-**44　Fax. No.: 052-584-**45

PACKING LIST

TO: WHA SHI GLASSES（DANYANG）CO., LTD.
12 DANBEI RD. DANYANG, P.R.C.
TEL. NO.: 0511-8620**4

NO.: EX071223
DATE: DEC.20,2012
CONTRACT NO.: PC-071223

FROM NAGOYA，JAPAN TO ZHENJIANG，CHINA BY SEA

MARKS	DESCRIPTION	QUANTITY	PACKAGES	N.W (KGS)	G.W (KGS)	MEAS.
PC-071223 CTN.NO1—50 WHASHI GLASSES DANYANG, P.R.CHINA MADE IN JAPAN	Cool Rolled Stainless Steel Sheet7×1.2mm Sheet7×1.0mm	490KGS 10KGS	49CTNS 1CTNS	10KGS/CTN	11KGS/CTN	50CM×50CM ×50CM/CTN
TOTAL		500KGS	50CTNS	500KGS	550KGS	6.25M^2

SAY TOTAL PACKAGED IN FIFTY CTNS ONLY.

NISSUN METAL INDUSTRY CO.，LTD.

SUN BUILDING 18-203, SAKULA-KU, NAGOYA 450-**77, JAPAN

（STAMP）

NISSUN METAL INDUSTRY CO., LTD.

SUN BUILDING 18-203, SAKULA-KU, NAGOYA 450-**77, JAPAN

Tel. No.: 052-584-**44 Fax. No.: 052-584-**45

CERTIFICATE OF QUALITY

DATE：2013-01-10

INVOICE NO. EX071223

CONTRACT NO. PC-071223

CONSIGNED TO： WHA SHI GLASSES（DANYANG）CO.,LTD. NO. 12 DANBEI RD., DANYANG, P.R.C.	L/C NO.:HH123 DATE OF ISSUE: 2007-12-16 ISSUED BY： BANK OF CHINA JIANGSU BRANCH

WE HEREBY CERTIFY THAT THE GOODS MENTIONED BELOW HAS BEEN MANUFACTURED IN ACCORDANCE WITH THE STANDARD PROCEDURES IN JAPAN AND ALL MATERIALS ARE NEW,

COMMODITY: Cool Rolled Stainless Steel Sheet 7×1.2mm

QUANTITY: N.W. 500KGS. G.W. 550KGS, PACKAGE: 50 CTNS.

COUNTRY OF ORIGIN AND MANUFACTURER:

MADE IN JAPAN, NISSUN METAL INDUSTRY CO., LTD.

NISSUN METAL INDUSTRY CO., LTD.

SUN BUILDING 18-203，SAKULA-KU，NAGOYA 450-**77，JAPAN

（STAMP）

BILL OF EXCHANGE

Drawn under BANK OF CHINA，JIANGSU BRANCH

Irrevocable L/C NO. HH123

Dated 2012-12-16 Payable with interest @...........%

No.: EX071223...Exchange for JPY2,260,00 NAGOYA 2013-02-02

At...***......Sight of this FIRST of Exchange (Second of exchange being unpaid)

pay to the order of BANK OF TOKYO NAGOYA BRANCH

The sum of JAPANESS YEN TWO MILLION TWO HANDRED AND SIXTY THOSAND ONLY

To BANK OF CHINA，JIANGSU BRANCH

NISSUN METAL INDUSTRY CO., LTD.

SUN BUILDING 18-203，SAKULA-KU，NAGOYA 450-**77, JAPAN

（STAMP）

经审核，卖方提交的单据有如下不符点：

中华人民共和国出入境检验检疫
入境货物报检单

报检单位（加盖公章）：　　　　*编号________________

报检单位登记号：　　联系人：　　电话：　　*报检日期：

收货人	（中文）	
	（外文）	
发货人	（中文）	
	（外文）	

货物名称（中/外文）	HS 编码	原产国（地区）	数/重量	货物总值	包装种类及件数

运输工具名称号码				合同号	
贸易方式		贸易国家（地区）		提单/运单号	
到货日期		起运国家（地区）		许可证/审批号	
卸毕日期		起运口岸		入境口岸	
索赔有效期至		经停口岸		目的地	
集装箱规格、数量及号码					

合同订立的特殊条款以及其他要求		货物存放地点	
		用　　途	
随附单据（划“√”或补填）	标记及号码	*外商投资财产（划“√”）	□是 □否

□合同	□到货通知		*检验检疫费	
□发票	□装箱单		总金额（人民币元）	
□提/运单	□质保书			
□兽医卫生证书	□理货清单		计费人	
□植物检疫证书	□磅码单			
□动物检疫证书	□验收报告			
□卫生证书	□		收费人	
□原产地证	□			
□许可/审批文件	□			

报检人郑重声明： 1．本人被授权报验。 2．上列填写内容正确属实。 签名：	领取证单	
	日期	
	签名	

注：有“*”号栏由出入境检验检疫机关填写。

中华人民共和国海关进口货物报关单

预录入编号　　　　　　　　　　　　　　　　　　　　　海关编号

<table>
<tr><td>进口口岸</td><td>备案号</td><td>进口日期</td><td colspan="2">申报日期</td></tr>
<tr><td>经营单位</td><td>运输方式</td><td>运输工具名称</td><td colspan="2">提运单号</td></tr>
<tr><td>收货单位</td><td>贸易方式</td><td>征免性质</td><td colspan="2">征税比例</td></tr>
<tr><td>许可证号</td><td>启运国（地区）</td><td>装运港</td><td colspan="2">境内目的地</td></tr>
<tr><td>批准文号</td><td>成交方式</td><td>运费</td><td>保费</td><td>杂费</td></tr>
<tr><td>合同协议号</td><td>件数</td><td>包装种类</td><td>毛重（公斤）</td><td>净重（公斤）</td></tr>
<tr><td>集装箱号</td><td colspan="2">随附单据</td><td colspan="2">用途</td></tr>
<tr><td colspan="5">标记唛码及备注</td></tr>
<tr><td colspan="5">项号　商品编号　商品名称规格型号　数量及单位　原产国/地区　单价　总价　币制　征免</td></tr>
<tr><td colspan="5"></td></tr>
<tr><td colspan="5">税费征收情况</td></tr>
</table>

<table>
<tr><td>录入员　　录入单位</td><td>兹声明以上申报无讹并承担法律责任</td><td rowspan="1">海关单批注及放行日期（签章）
审单　　审价</td></tr>
<tr><td rowspan="2">报关员
单位地址
邮编　　电话</td><td rowspan="2">申报单位（签章）
填制日期</td><td>征税　　统计</td></tr>
<tr><td>查验　　放行</td></tr>
</table>

4.1.5　实训小结

进口不锈钢带材实训项目

个人小结

班级：　　　　姓名：　　　　学号：　　　　组别：　　　　日期：

本人实训任务完成情况和感想：

对实训的建议：

实训表现的自我评价：

组长（签名）：

实训子项目任务完成情况考核表

实训子项目任务名称：

学生姓名：　　　　学号：　　　　班级：　　　　____年____月____日

任务内容		完成情况（每项内 0～n 为得分区间，右侧框内填实际得分） 全部满分为 100 分								
序号	任务名称	工作态度/ 独立主动		团队意识/ 协调能力		沟通能力/ 方法能力		单证制作及 业务操作能力		小计
1	项目资讯和计划	0～1		0～1		0～2		0～6		
2	项目审批	0～1		0～1		0～4		0～4		
3	对外磋商和签约	0～1		0～1		0～2		0～6		
4	审证或对外开证	0～1		0～1		0～2		0～6		
5	租船订舱	0～1		0～1		0～2		0～6		
6	报检	0～1		0～1		0～2		0～6		
7	报关	0～1		0～1		0～2		0～6		
8	办理保险/换取提单	0～1		0～1		0～2		0～6		
9	办理结汇或付款	0～1		0～1		0～2		0～6		
10	善后及资料归档	0～1		0～1		0～2		0～6		
	综合评定									

评定意见：

考核人签字：　　　　年　　月　　日

学生反馈意见：

学生签字：　　　　年　　月　　日

4.2 进口数控喷气织机（FOB L/C）项目

4.2.1 实训目标

本实训项目介绍贸易型进口商南京华懋机械设备进出口公司的一笔进口业务背景资料，让学生以华懋公司相关人员的身份完成该进口产品的国内需求调研、进口价格的核算、国内供应合同的拟定以及国际采购合同的签订，直至最后进口合同的履行。通过本实训，使学生掌握 FOB 成交条件和信用证结算方式下进口业务操作的全过程。

4.2.2 实训要求

参加实训的学生，应在该进口项目实训前认真了解项目内容及要求，借助互联网，了解喷气织机的用途、特性、国外的主要生产厂商分布、国际市场价格等有关知识，并通过查阅 2013 年《中国海关报关实用手册》（海关总署政策法规司）等资料，了解海关、出入境检验检疫对喷气织机的进口管制条件。同时，温故了解 FOB 成交、信用证结算方式下进口业务的操作流程，掌握进口业务的成本核算、信用证的开立、如何审单等进口业务操作，按照正确性、规范性、系统性和全程仿真性原则，完成项目设定的进口业务操作。

4.2.3 实训项目介绍

1. 业务背景

进口商南京华懋机械设备进出口公司（简称华懋公司，下同）是江苏地区专业从事机械设备进出口业务的大型综合性公司之一，具有进出口经营权和电子口岸 IC 卡，公司信息已录入《贸易进口付汇监管系统》并被外汇管理局列入“对外付汇进口单位名录”。该公司在海关登记注册的经营单位编码是 3201933344，在商检局注册登记的报检单位登记号为 3200200119，质检总局核发的组织机构代码为 4660075625，工商局核准的生产经营单位注册号为 QS3203503329，企业银行基本账户账号：1104010309000053099。详细名称、地址及通信方式如下：

Nanjing Huamao Machinery Equipment Imp & Exp Corp.
Address：No.88 Yangshan Road，Nanjing，P.R.C
Tel. No.: 0086-25-85868888　　Fax No.: 0086-25-85869999
Web：Http://www.jsnjhq.com　　E-mail: njhm@126.com

出口商意大利 Ruigi 公司是国际知名的纺织机械设备生产及销售的大型跨国企业。该公司近年来开发了电动绞边、电动剪刀、双眼探纬器、气动折入边、独立的边组织电动开口装置、E-shed 开口装置、纱罗开口装置、纬纱制动装置、纬纱夹持器、变速织造等新技术，并将其应用到喷气织机上。此外，大量的织造工艺经验参数被置入电控箱，构成织造专家系统；计算机集中监控和管理系统更加完善；织机运行速度也得到较大提高；人工智能更加完善，实用效果更加理想，规格系列更加丰富。所以，该公司所生产的数控喷气织机以良好的性能、丰富的配置和较高的可靠性占据了中国喷气织机较大的市场份额。

数控喷气织机

Ruigi Industry Co.,Ltd

Address: Corso Sempione 36-5166 Busto, Arsizio, Italy

Tel. No.: 0039-331-567000

Fax No.: 0039-331-567111

进口用户南京丽华纺织品有限公司是家大型纺织企业，2000 年通过 ISO9002 质量体系认证。公司共有 3 个生产分厂，6 个直属生产车间，1 个新疆原料供应基地，拥有从德国、日本、瑞士、比利时、意大利等国引进的精梳机、转杯纺纱机、无梭织机等国际一流纺织设备和技术检测设备 2 000 多台（套），占公司装备总量的 80%以上，主要生产和经营纯棉及混纺纱线、纯棉和混纺还布、色织布、家用纺织品等四大系列 100 多个品种，年产高档织物用纱 9 万吨、服装面料 1.5 亿米。产品远销国内 20 多个省市和美国、欧盟、日本等 12 个国家和地区。公司主要经济技术指标领先全国同行业先进水平，先后荣获“全国纺织工业先进集体”“全国纺织和谐企业”等荣誉称号。该公司详细名称、地址及通信方式如下：

地址：江苏省南京市江宁区伟业路 18 号

电话：0086-025-83126666

传真：+86-25-8310847

网址：http://www.jslh.com

电邮：lhfz@126.com

2. 业务资料

2013 年年初，南京丽华纺织品有限公司为进一步提升现有的生产技术水平，扩大公司产能，满足日益增长的市场需求，拟通过南京华懋机械设备进出口公司进口 20 台幅宽 W＞220CM，适用于织造纯棉、混纺及化纤面料的数控喷气织机。华懋公司决定由进口一部的李强经理负责该笔业务。双方在认真进行市场调研的基础上，签订了购销合同。

产品购销合同

供方：南京华懋机械设备进出口公司　　签订地点：南京

需方：南京丽华纺织品有限公司　　签订时间：2013 年 1 月 11 日

一、产品名称、品种规格、数量、交售时间

产品名称	规格	计量单位	数量	单价	总金额	交售时间
数控喷气织机	W＞220CM	台套	20	30 万元/台	600 万元	2013 年 4 月底
合计人民币金额（大写）：人民币陆佰万元整。						

二、交（提）货地点及运输方式和费用负担：从港口到工厂的运输和保险费用由需方自理。

三、结算方式及期限：5%作为定金支付，其余款项在货到工厂后 1 个月内全部结清。

四、给付定金的数额、时间：需方应在合同签订后 30 日内交付 5%定金给供方。

五、产品保修期限：壹年。

六、如需提供担保，另立合同担保书，作为本合同附件。

七、违约责任：如双方中有未按合同要求执行的，需赔偿对方由此造成的损失。

八、解决合同纠纷的方式：双方协商或通过法律途径。

九、其他约定事项：如因供方产品质量问题导致设备不能正常工作，由供方无偿解决；如因需方原因导致设备出现问题，需方须承担相应维修费用。

十、该合同一式四份，供需双方各持两份。

供方	需方
单位名称（章）南京华懋机械设备进出口公司	单位名称（章）南京丽华纺织品有限公司
单位地址：羊山北路 88 号	单位地址：南京市江宁区伟业路 18 号
法定代表人：景象	法定代表人：柯丽华
委托代理人：李强	委托代理人：樊华
电　话：0086025-85868888	电　话：0086-025-83126666
税务登记号：320027146667801	税务登记号：320100045188311
开户银行：中国工商银行南京分行	开户银行：中国银行江苏分行
账号：1001176129013100022	账号：144936—04040000783

南京华懋机械设备进出口有限公司 专用章

南京丽华纺织品有限公司 合同专用章

内销合同签订后，李强进行了广泛的数控喷气织机供应市场调研，经过反复调研比较，李强选择意大利 Ruigi Industry Co.,Ltd.作为供应商，并与该公司的 Andson 经理就采购 20 台喷气织机的交易进行磋商。在磋商前，李强为了做到心中有数，根据供销合同及常规费用组成初步测算出了设备的 FOB 价。其测算主要依据条件如下：

包装：木箱装，3950KGS/CASE，395×208.6×200CM

装运港：Italian main sea port

目的港：南京

贸易术语：FOB

支付方式：L/C

海运费（地中海—南京）：USD3372/40’

保险：华懋公司与太平洋保险公司南京分公司签有预约保险合同，预约保单号为：保险费率：0.6%（一切险+战争险+罢工险）

换单费：CNY800 元　　THC：CNY600 元/40’container

报检及单证费：CNY150 元　　三检费：CNY250 元

报关及单证费：CNY400 元　　理货费：CNY120 元　　港口费：CNY400 元

内陆运费：CNY1000 元

银行贷款年利率：6%（垫款时间 2 个月）

银行费用：FOB 价的 0.5%

进口关税：最惠国 8%，普通 30%

进口增值税率：17%

进口预期利润率：10%

经过多次反复磋商，双方终于达成一致意见，并签订如下合同：

CONTRACT

No.：NHME130123

Date：Jan 23，2013

Buyer: Nanjing Huamao Machinery Equipment Imp & Exp Corp.

Address: No.88 Yangshan Road，Nanjing，P.R.C

Tel. No. : 0086-25-85868888

Fax No. : 0086-25-85869999

Seller: Ruigi Industry Co.,Ltd.

Address: Corso Sempione 36-5166 Busto, Arsizio, Italy

Tel. No. : 0039-331-567000

Fax No. : 0039-331-567111

（续）

This contract is made by and between the Buyers and the Sellers; whereby the Buyers agree to buy and the sellers agree to sell the undermentioned goods on the terms and conditions stated below:

(1) Name of Commodity，Specifications	(2) Quantity	Unit Price	(3) Total Amount	(4) Time of Shipment
Air Jet Loom，mode JAC760/W220CM	20 SET	FOB Genova USD28, 725	USD574, 500	Feb. 2013-Mar. 2013

(5) Packing & Shipping Marks：Every set of the loom must be packed in the wooden cases, then be put in the containers suitable for long distance ocean transportation. The wooden cases and another Packing materials must be phyto-sanified according IPPC Standard and be marked the IPPC MARK.

Shipping Marks（Each wooden box）：

Right & Left side：UP　　Front & Back side：　　NHME130123

HANDING WITH CARE　　______________

KEEP AWAY FROM MOISTURE　　NANJING　CHINA

GROSS WEIGHT：　　C/NO.：

NET WEIGHT：　　IPPC MARK

(6) Port of Loading：Genova Port，Italy

(7) Port of Destination：Nanjing Port，China

(8) Terms of Payment：Upon receipt from the Sellers of the advice as to the time and quantity expected ready for shipment, the Buyers shall open，30 days before shipment. with the Bank of China，an irrevocable Letter of Credit in favour of the Sellers payable by the opening bank against sight draft accompanied by the documents as stipulated in Clause (9) of this Contract.

(9) Documents：To facilitate the Buyers to cheek up，all documents should be made in a version identical to that used in this contract.

A. Complete set of Clean on Board Shipped Bill of Lading made out to order，blank endorsed，notifying buyer. (marked "Freight Collect")

B. Invoice：indicating contract number，shipping marks，name of carrying vessel，number of the Letter of Credit.

C. Packing List and/or Weight Memo: indicating contract number, shipping marks, gross and net weights of each package.

D. Certificates of Quality and Quantity/Weight of the contracted goods issued by the manufactures.

（续）

Certificate of IPPC for wooden packing signed By the government authority.

Quality Certificate to show actual results of tests to be made, on mechanical properties and all other tests called for by the Standard stipulated herein.

E. Copy of telegram advising shipment according to Clause (11) of this Contract.

F. Vessel's Itinerary certificate as per Clause (10) of this Contract.

Documents required / **Number of Copies** / **To be distributed**	A	B	C	D	E	F
to the negotiating bank (original)	3	4	3	3	1	1
to the negotiating bank (duplicate)	1					
to the Transportation Corporation at the port of destination by airmail (duplicate)	2	3	2	2		

(10) Terms of Shipment:

The Buyers undertake to ship the contracted goods from the port of loading to the port of destination on a direct liner. The buyer should notify the vessel name and loading date not later than Feb 28,2013.

(11) Advice of Shipment: the Sellers shall upon competition of loading, advise immediately the Buyers by fax the contract number, name of commodity, number of packages, gross and net weights, invoice Value, name of vessel and loading date. And also fax the shipment advice to buyer's Insurance Company: China Pacific Property Insurance Co., Ltd, Nanjing Branch Fax No. 0086-25-85860101, indicating the open policy number HMPI1308 .

(12) Insurance: To be covered by the Buyer.

(13) Inspection and Claim: The Buyers shall have the right to apply to the General Administration of Quality Supervision, Inspection and Quarantine of the People's Republic of China (AQSIQ) for inspection after discharge of the goods at the port of destination. Should the quality and/or quantity/weight be found not in conformity with the contract or invoice, the Buyers shall be entitled to lodge claims with the Sellers on the basis of AQSIQ's Survey Report, within 90 days after discharge of the goods at the port of destination, with the exception, however, of those claims for which the shipping company and/or the insurance company are to be held responsible. all expenses incurred on the claim including the Inspection fee as per the AQSIQ Inspection certificate are to be borne by the Sellers

(14) Force Majeure：（略）

(15) delayed Delivery and Penalty：（略）

(16) Arbitration：（略）

(17) Remarks：（略）

The Buyers:(SIGN) **The Sellers:(SIGN)**

2013 年 2 月 18 日，RUIGI 公司通知华懋公司可在 2013 年 3 月 15 日前交货的通知，通知单证部于 2 月 19 日着手办理有关手续向中国银行江苏省分行申请开立信用证，2 月 23 日银行对外开证。

信用证如下所示：

FROM BANK OF CHINA JIANGSU BRANCH

TO　UNCREDITO ITALIANO, MILANO, ITALY

SEQUENCE OF	27: 1/1
FORM OF DOC. CREDIT	40: A: IRREVOCABLE
DOC.CREDIT NUMBER	20: UI111001
DATE OF ISSUE	31C: 130223
EXPIRY	31D : DATE 130415 PLACE ITALY
APPLICANT	50: NANJING HUAMAO MACHINERY EQUIPMENT IMP & EXP CORP NO.88 YANGSHAN ROAD, NANJING, CHINA TEL. NO. : 0086-25-85868888 FAX NO. : 0086-25-85869999
BENEFICIARY	59 : RUIGI INDUSTRY CO.,LTD. CORSO SEMPIONE 36-5166 BUSTO,ARSIZIO,ITALY TEL. NO. : 0039-331-567000 FAX NO. : 0039-331-567111
AMOUNT	32B : CURRENCY USD AMOUNT 574,500.00
AVAILABLE WITH/BY	41D : ANY BANK BY NEGOTIATION
DRAFTS AT	42C : SIGHT
DRAWEE	42A : BANK OF CHINA JIANGSU BRANCH
PARTIAL SHIPMENTS	43P : PROHIBITTED
TRANSSHIPMENT	43T : PROHIBITTED
LOADING IN CHARGE	44A : GENOVA PORT, ITALY
FOR TRANSPORT TO	44B : NANJING PORT, CHINA
LATEST DATE OF. SHIPMENT	44C : 20130331
DESCRIPTION OF GOODS	45A : 20 SETS AIR JET LOOM, MODEL JAC760/W220CM FOB GENOVA USD28725.00/SET AND SHIPPING MARKS AS PER CONTRACT NO. NAME130123.
DOCUMENTS REQUIRED	46A :

+SIGNED COMMERCIAL INVOICE IN 7 FOLDS INDICATING L/C NO. AND CONTRACT NO., SHIPPING MARKS AND NAME OF CARRYING VESSEL.

+COMPLETE SET OF CLEAN ON BOARD OCEAN BILLS OF LADING PLUS 3 NON-NEGOTIABLE COPIES MADE OUT TO ORDER AND BLANK ENDORSED MARKED FREIGHT COLLECT AND NOTIFY APPLICANT.

+PACING LIST AND/OR WEIGHT MEMO IN 5 FOLDS INDICATING CONTRACT NUMBER, SHIPPING MARKS, GROSS WEIGHT AND NET WEIGHTS OF EACH PACKAGE.

+CERTIFICATE OF QUALITY AND QUANTITY/WEIGHT OF THE CONTRACTED GOODS IN 5 FOLDS ISSUED BY THE MANUFACTURER IN 3 FOLDS. QUALITY CERTIFICATE TO SHOW ACTUAL RESULTS OF

TESTS TO BE MADE, ON MECHANICAL PROPERTIES AND ALL OTHER TESTS CALLED FOR BY THE STANDARD STIPULATED HEREON.
+CERTIFICATE OF IPPC FOR WOODEN PACKING IN 1 FOLD SIGNED BY THE GOVERNMENT AUTHORITY.
+BENEFICIARY'S CERTIFICATE CERTIFIED THAT THE SELLERS, UPON COMPETITION OF LOADING, HAVE ADVISED APPLICANT AND CHINA PACIFIC PROPERTY INSURANCE CO,.LTD. NANJING BRANCH (FAX NO. 0086-25-85860101) IMMEDIATELY THE BUYER BY FAX OF THE CONTRACT NUMBER, NAME OF COMMODITY, NUMBER OF PACKAGES, GROSS AND NET WEIGHTS, INVOICE VALUE, NAME OF VESSEL AND LOADING DATE.
+VESSEL'S ITINERARY CERTIFICATE IN 1 FOLD.

ADDITIONAL COND. 47A: ON DECK SHIPENT IS NOT ALLOWED.

DETAILS OF CHARGES 71B: ALL BANKING CHARGES OUTSIDE THE ISSUING BANK ARE FOR BENEFICIARY'S ACCOUNT.

PRESENTATION PRIOD 48 : DOCUMENTS TO BE PRESENTED WITHIN 15 DAYS AFTER THE DATE OF SHIPMENT BUT WITHIN THE VALIDITY OF THIS CREDIT.

CONFIRMATION 49: WITHOUT

INSTRUCTION 78: ALL DOCUMENTS ARE TO BE PRESENTED TO US IN ONE LOT BY COURIER THROUGH NEGOTIATING BANK, OUR ADDRESS IS: BANK OF CHINA, JIANGSU BRANCH, NO.148 SOUTH ZHONGSHAN ROAD, NANJING, CHINA P.O.BOX 210005. THIS CREDIT IS SUBJECT TO THE UNIFORM CUSTOMS AND PRACTICE FOR DOCUMENTARY CREDITS 2007 REVISION I.C.C. PUBLICATION NO. 600 WE HEREBY UNDERTAKE THAT ALL DRAFTS DRAWN UNDER AND COMPLIANCE WITH THE TERMS OF THIS L/C WILL BE DULY HONORED ON PRESENTATION.

3 月 16 日，华懋与中国财产保险公司江苏分公司签订了预约保险合同，合同号为 PI1300189。

与此同时，公司单证员填制了托运单并交南京锦程货代有限公司，委托其代为租船订舱。船公司确认的订舱信息如下：

承运人：中国远洋运输集团公司 COSCO

装运港：GENOVA , ITALY

目的港：NANJING, CHINA

装船时间：2013 年 3 月 18 日

船名航次：MARIER V. 089

2 月 22 日，李强在获知订舱信息后，及时将有关托运情况传真告知 RUIGI 公司的 ANDSON。

3 月 19 日，李强收到 RUIGI 公司的装运通知。并将该装运通知注明预约保单号后发送给中国太平洋保险公司南京分公司。

4 月 2 日，华懋公司收到中国银行江苏省分行要求审单付汇的通知，公司单证员对来单进行了认真审核，在对不符点问题沟通处理后，办理了付款赎单手续。

卖方的主要单据如下所示：

RUIGI INDUSTRY CO.,LTD.

CORSO SEMPIONE 36-5166 BUSTO,ARSIZIO,ITALY TEL. NO. : 0039-331-567000

COMMERCIAL INVOICE

TO: NANJING HUAMAO MACHINERY EQUIPMENT IMP&EXPCORP
NO.60 ZHONGHUA RD., NANJING, CHINA
TEL. NO. : 025-52345678

NO.: HOT2541A
DATE: MAR.15, 2013
CONTRACT NO.: SFC0712

FROM GONOVA GENOVA PORT, ITALY TO NANJING PORT，CHINA BY SEA

DESCRIPTIONS	QUANTITIES	UNIT PRICE	AMOUNT
			FOB GENOVA
AIR JET LOOM, MODEL JAC760/W220CM	20 SET	USD28725.00/SET	USD574500.00
TOTAL:	20 SET		USD574500.00

MARKS & NO.S : NHME130123
NANJING, CHINA
C/NO.: 1-20
IPPC

HANDING WITH CARE
KEEP AWAY FROM MOISTURE
GROSS WEIGHT：7900KGS
NET WEIGHT：7800KGS

SAY US DOLLARS FIVE HUNDRED AND SEVENTY FOUR THOUSAND FIVE HUNDRED ONLY.

RUIGI INDUSTRY CO.,LTD.
ANDSON

Shipper（发货人） RUIGI INDUSTRY CO.,LTD. CORSO SEMPIONE 36-5166 BUSTO, ARSIZIO, ITALY TEL. NO. : 0039-331-567000	B/L NO.: JHKB-ER45 中国远洋运输集团公司 COSCO BILL OF LADING
Consignee（收货人） TO ORDER OF SHIPPER	
Notify Party（通知人） NANJING HUAMAO MACHINERY EQUIPMENT IMP & EXP NO.88 YANGSHAN ROAD, NANJING, CHINA TEL. NO. : 0086-025-85868888 FAX NO. : 0086-025-85869999	
Pre-Carriage By （前程运输）	Place of Receipt （收货地点）
Ocean Vessel（船名）Voy. No.（航次） MARIER V. 089	Port of Loading（装货港） GENOVA , ITALY
Port of Discharge（卸货港） NANJING, CHINA	Place of Delivery （交货地点）

Marks & Nos.（标记与号码）	No. of Containers Or Pkgs.（箱数或件数）	Kind of Packages; Description of Goods（包装种类与货名）	Gross Weight 毛重（公斤）	Measurement 尺码（立方米）
HANDING WITH CARE KEEP AWAY FROM MOISTURE GROSS WEIGHT：3950KGS NET WEIGHT: 3900KGS		AIR.JET.LOOM 20CASE 10×40'CY-CY ON BOARD DATE:MAR 18,2013	79000KGS	329.588M

TOTAL NUMBER OF CONTAINERS OR PACKAGES (IN WORDS)
集装箱数或件数合计（大写） TOTAL TEN CONTAINERS (20 CASES) ONLY

FREIGHT & CHARGES（运费与附加费）	Revenue Tons（运费吨）	Rate（运费率）Per（每）	Prepaid（运费预付）	Collect（运费到付）
FREIGHT COLLECT				

Prepaid at（预付地点）	Payable at（到付地点）	Place and Date of Issue（签发地点和日期）
GENOVA	GENOVA	MAR 18, 2013

Number of Original Bs/L 3 (THREE)	Signed for or on Behalf of the Master as Agent COSCO AS CARRIER

RUIGI INDUSTRY CO.,LTD.

CORSO SEMPIONE 36-5166 BUSTO, ARSIZIO, ITALY　　TEL. NO. : 0039-331-567000

PACKING LIST

TO: NANJING HUAMAO MACHINERY EQUIPMENT　　NO.: HOT2541A

IMP & EXP CORP

DATE: MAR.15, 2013

NO.60 ZHONGHUA RD., NANJING, CHINA　　CONTRACT NO.: SFC0712

TEL. NO. : 025-52345678

FROM GONOVA GENOVA PORT, ITALY TO NANJING PORT, CHINA BY SEA

DESCRIPTIONS	QTY	PACKAGE	GW.	NW.	MEAS.
AIR JET LOOM MODEL JAC760/W220CM	20 SETS	20CASES	@3950KGS	@3900KGS	@395×208.6×200CM
TOTAL:	20 SET S	20CASES	79000KGS	78000KGS	329.588M^3

MARKS & NO.S

HANDING WITH CARE

KEEP AWAY FROM MOISTURE

GROSS WEIGHT：79000KGS

NET WEIGHT: 78000KGS

ALL THE GOODS ARE PACKED IN TWENTY CASES ONLY.

RUIGI INDUSTRY CO.,LTD.

BILL OF EXCHANGE

Drawn under BANK OF CHINA, JIANGSU BRANCH

Irrevocable L/C NO. UI111001

Dated 2013-02-23.... Payable with interest @....………....%

No.: HOT2541A...Exchange for USD574500.00 GENOVA 2013-03-25

At...***......Sight of this FIRST of Exchange (Second of exchange being unpaid)

pay to the order of BANK OF TOKYO NAGOYA BRANCH

The sum of US DOLLARS TWO FIVE HUANDRED SEVENTY FOUR THOSAND AND FIVE HUNDRED ONLY

To BANK OF CHINA，JIANGSU BRANCH

RUIGI INDUSTRY CO.,LTD.
CORSO SEMPIONE 36-5166 BUSTO,ARSIZIO,ITALY
（STAMP）

4月15日，华懋公司收到中远公司南京分公司的到货通知后，办理换单、报检报关提货手续。

4.2.4 实训任务

任务1：通过互联网了解喷气织机的用途、特性、国外的主要生产厂商分布，国际市场价格，查阅2013年《中国海关报关实用手册》（海关总署政策法规司）等资料，了解喷气织机的HS编码、海关监管条件、检验检疫类别、进口关税等通关管制政策。

任务2：制定本进口业务的操作流程。

任务3：根据供销合同及相关费用数据，进行进口业务成本核算，测算买方可接受的最高FOB报价。

任务4：根据国际采购合同，填写“购汇/用汇申请书”和“开证申请书”，向中国银行江苏省分行申请对外开证。

任务5：请与保险公司接洽，签订进口货物预约保险合同。

任务6：将填制好的托运单交南京锦程货代有限公司，委托其代为租船订舱。并在确认订舱后，及时将有关信息传真告知RUIGI公司。

任务7：请在收到RUIGI公司的装运通知后，在装运通知上注明预约保单号，并转发给中国太平洋保险公司南京分公司。

任务8：在收到中国银行江苏省分行审单付汇的通知后，对进口单据进行认真审核，如发现有重大不符点，向开证银行提出处理意见。

任务9：在对不符点问题沟通处理后，按照处理后的意见，办理赎单手续。

任务10：在收到中远公司南京分公司的到货通知后，去船公司指定地点办理换单手续。

任务11：如该批喷气织机属法检商品，或不属法检商品，但进口商认为有必要，请去南京出入境检验检疫局办理报检手续。

任务12：办理报关预录入，待收到现场交单信息后，打印出报关单，连同其他有关单据，去南京海关办理报关手续。

任务13：待海关放行后，通知丽华公司前往南京港码头提货。

任务14：将资料整理归档。

4. 2. 5　实训用单据

机电产品进口申请表

IMPORT APPLICATION FORM OF MECHANICAL AND ELECTRONIC PRODUCTS

1. 进口商 importer	3. 经办人（进口用户签章） Name of operator (Stamp of consignee) 电话 Telephone
2. 进口用户 Consignee	4. 进口用户所在地区（部门） Area/Department of Consignee 年 Year　月 Month　日 Date
5. 贸易方式 Terms of trade	8. 贸易国（地区） Country/Region of trading
6. 外汇来源 Terms of foreign exchange	9. 原产地国（地区） Country/Region of origin
7. 报关口岸 Place of clearance	10. 产品用途 Use of goods

A. 项目类型：☐基建项目　☐技改项目　☐其他项目　项目行业：☐　☐

11. 商品名称 Description of goods	商品编码（H S） Code of Goods	设备状态　新 Status of equipment

12. 规格、型号 Specification	13. 单位 Unit	14. 数量 Quantity	15. 单价（　） Unit price	16. 总值（　） Amount	17. 总值折美元 Amount in USD
18. 总　计 Total					

19. 备注 Supplementary details	进口用户所在地区（部门）意见“签章） Area/Department of Consignee's Notion (Stamp)
	受理日期 Date

购汇/用汇申请书

中国银行____________分（支）行： 银行业务编号：

我公司为执行第____________号合同项下对外支付，需向贵行购汇。现按外汇局有关规定向贵行提供下述内容 及所附文件，请审核并按实际付汇日牌价办理售汇。所需人民币资金从我公司__________________号账户中支付。

1．购汇金额：

2．用　途：☐进口商品 ☐从属费用 ☐索退赔款 ☐其他

3．支付方式：☐信用证 ☐代收 ☐汇款（☐货到付款 ☐预付货款）

4．商品名称：

5．数　量：

6．合 同 号： 金额：

7．发 票 号： 金额：

8．☐一般进口商品，无须批文

☐控制进口商品，批文随附如下：

☐进口证明 ☐许可证 ☐登记证明 ☐其他批文

批文号码： 批文有效期

9．附件：☐批文 ☐合同/协议 ☐发票 ☐正本运单

☐报关单 ☐运费单/收据 ☐保险费收据

☐佣金单 ☐关税证明 ☐仓单 ☐其他

申请单位__________盖章

年 月 日

银行审核意见：

上述内容与随附文件/凭证描相符，拟按申请书要求办理售汇。

经办人： 复核人：

批准人：

售汇日期： 经办人：

（加盖售汇专用章）

IRREVOCABLE DOCUMENTARY CREDIT APLICATION

TO:

Beneficiary (full name and address):		Applicant (full name and address):
Partial shipment: (　　) allowed (　　) not allowed	Transshipment: (　　) allowed (　　) not allowed	Latest date of shipment: Date of expiry:
Loading on board/dispatch/taking in charge From:__________________ To: ________________________ Price term: ____________________		Amount (Both in figures and words):

Credit available with (　　)____. (　　) by negotiation / (　　) by acceptance with beneficiary's draft for ________ % of the invoice value at___________ sight on issuing bank(　　) by sight payment / (　　) by deferred payment _______________ days against the documents detailed herein

Commodity:　　　　　　　　　　　　Shipping mark:

Documents required:

1. (　　) Signed commercial invoice in _____ folds indicating l/c no. and contract no.
2. (　　) Full set (　　) of clean on board ocean bills of lading made out to order and blank endorsed marked "(　　) freight prepaid / (　　) to collect" notify the applicant. (　　) Air waybill consigned to the applicant notify the applicant marked "freight (　　) to collect / (　　) prepaid".
3. (　　) Insurance policy/certificate in _____ folds for 110% of the invoice value, showing claims pay in china in the currency of the draft, blank endorsed covering (　　) ocean marine transportation / (　　) air transportation / (　　) overland transportation all risks, war risks as per _____ clause.
4. (　　) Packing list/weight list in _____ folds indicating quantity/gross and net weights.
5. (　　) Certificate of origin in _____ folds.
6. (　　) Certificate of quantity/weight in _____ folds.
7. (　　) Certificate of quality in _____ folds issued by (　　) manufacturer / (　　) beneficiary.
8. (　　) Beneficiary's certified copy of telex/fax dispatched to the applicant within _____ days/hours after shipment advising goods name,(　　) name of vessel / (　　) flight no., date, quantity, weight and value of shipment.
9. (　　) Beneficiary's certificate certifying that (　　) one set of non-negotiable documents / (　　)one set of non-negotiable documents (including 1/3 original b/l) has been dispatched to the applicant directly by courier/speed post.
10. Other documents, if any:

Additional instructions:

1. All banking charges outside the issuing bank are for beneficiary's account.
2. Documents must be presented within ________ days after the date of shipment but within the validity of this credit.
3. Both quantity and amount ________ % more or less are allowed.
4. All documents must be sent to issuing bank by courier/speed post in one lot.
5. Other terms, if any:

联系人：　　　　　　　　　　电话号码：　　　　　　　　　　传真号：

进口货物预约保险合同

合同号：SH-13-0009432　　　　　　　　　　　　年　　月　　日

甲方：

乙方：中国财产保险公司江苏分公司（025-88888888）

双方就进口货物的运输预约保险拟定各条以资共同遵守：

一、保险范围

甲方从国外进口全部货物，不论运输方式，凡贸易条件规定由进口商办理保险的，都属于本合同范围之内。甲方应根据本合同规定，向乙方办理投保手续并支付保险费。

乙方对上述保险范围内的货物，负有自动承保的责任，在发生本合同规定范围内的损失时，均按本合同的规定，负责赔偿。

二、保险金额

保险金额以货物的到岸价格（CIF）即货价加运费加保险费为准（运费可用实际运费，亦可由双方协定一个平均运费率计算）。

三、保险险别和费率

各种货物需要投保的险别由甲方选定并在投保单中填明。乙方根据不同的险别规定不同的费率。现暂定如下：

货物种类	运输方式	保险险别	保险费率

四、保险责任

各种险别的责任范围，按照所属乙方制定的“海洋货物运输保险条款”、“海洋运输货物战争险条款”、“海运进口货物国内转运期间保险责任扩展条款”、“航空运输一切险条款”和其他有关条款的规定为准。

五、投保手续

甲方或发货人一经掌握货物发运情况，即应向乙方寄送起运通知书，办理投保。通知书一式五份，由保险公司签认后，退回一份。如不办理投保，货物发生损失，乙方不予理赔。

六、保险费

乙方按照甲方或发货人寄送的起运通知书照前列相应的费率逐笔计收保费，甲方应及时付费。

七、索赔手续和期限

本合同所保货物发生保险责任范围内的损失时，乙方应按制定的“关于海运进口保险货物残损检验的赔款给付方法”和“进口货物施救整理费用支付方法”迅速处理。甲方应尽力采取防止货物扩大受损的措施，对已遭受损失的货物必须积极抢救，尽量减少货物的损失。向乙方办理索赔的有效期限，以保险货物卸离海港之日起满一年终止。如有特殊需要可向乙方提出延长索赔期。

八、合同期限

本合同自　　　年　　月　　日起开始生效。

甲方：　　　　　　　　　　　　　　　　乙方：

中国财产保险公司江苏分公司

订舱委托书

<table>
<tr><td colspan="3" rowspan="2">Shipper（发货人）：</td><td colspan="2">D/R No.（工作编号）</td></tr>
<tr><td colspan="2">（箱属公司）：</td></tr>
<tr><td colspan="3">Consignee（收货人）</td><td colspan="2">（托运编号）
TO：镇江中外运船务代理公司
[开航日期]:
FROM:</td></tr>
<tr><td colspan="3">Notify Party（通知人）：　　（航次）</td><td colspan="2">备注：</td></tr>
<tr><td colspan="2">Ocean vessel（船名）</td><td>Voyage. No.</td><td colspan="2">Port of Loading（装货港）</td></tr>
<tr><td colspan="2">Port of Discharge
（卸货港）</td><td>Place of Delivery
（交货地点）</td><td colspan="2">Final Destination for the
Merchant's Reference（目的地）</td></tr>
<tr><td>Marks（唛头）</td><td>No.of Containers
or Packages
（箱数或件数）</td><td>Kind of Packages:
Description of Goods
（包装类型与货名）</td><td>Gross Weight
毛重（公斤）</td><td>Measurement
尺码（立方米）</td></tr>
<tr><td></td><td></td><td></td><td></td><td></td></tr>
<tr><td colspan="2">Total Number of Containers
or Packages (In Words)
集装箱或件数合计（大写）</td><td colspan="3"></td></tr>
<tr><td colspan="2">No. of Original B (s) / L（正本提单份数）</td><td></td><td colspan="2">打印人：　　报表时间：</td></tr>
</table>

订舱通知电文如下：

SHIPPING INSTRUCTION	
DATE:	**OUR REF. NO.:**

对外付款/承兑通知书

银行业务编号　　　　　　　　　　　　　　　　　　　　　　　　日期：

结算方式		□信用证 □保函 □托收 □其他	信用证/保函编号		LC
来单币种及金额			开证日期		
索汇币种金额			期限		到期日
来单行名称			来单行编号		
收款人名称					
收款行名称及地址					
付款人名称					
□对公组织机构代码			□对私	□个人身份证号码	
扣费币种及金额				□中国居民个人 □中国非居民个人	
合同号			发票号		
提运单号			合同金额		
银行附言（各银行可根据本行业务要求规定其内容及格式）					
申报号码			实际付款币种及金额		
付款编号			若为购汇支出，购汇汇率		
收款人常驻国家（地区）名称及代码	□□□		是否为进口核销项下付款	□是 □否	
是否为预付款	□是 □否	最迟装运期		外汇局批件/备案表号	
付款币种及金额			金额大写		
其购汇金额			账　号		
	现汇金额		账　号		
中	其他金额		账　号		
交易编码	□□□□□□□	相应币种及金额		交易附言	货款
□同意即期付款 □同意承兑并到期付款 □申请拒付 联系人及电话 申报日期		付款人印鉴（银行预留印鉴）		银行业务章 经办　复核　负责人	

中华人民共和国出入境检验检疫
入境货物报检单

报检单位（加盖公章）：　　　　　　　　　　　　　　　　　　　　*编号__________

报检单位登记号：　　　　　　　联系人：　　　　　　　电话：　　　　　　*报检日期：

收货人	（中文）				
	（外文）				
发货人	（中文）				
	（外文）				
货物名称（中/外文）	HS 编码	原产国（地区）	数/重量	货物总值	包装种类及件数

运输工具名称号码				合同号	
贸易方式		贸易国家（地区）		提单/运单号	
到货日期		起运国家（地区）		许可证/审批号	
卸毕日期		起运口岸		入境口岸	
索赔有效期至		经停口岸		目的地	
集装箱规格、数量及号码					
合同订立的特殊条款以及其他要求				货物存放地点	
				用　　途	
随附单据（划“√”或补填）		标记及号码		*外商投资财产（划“√”）	□是 □否
□合同	□到货通知			*检验检疫费	
□发票	□装箱单			总金额（人民币元）	
□提/运单	□质保书				
□兽医卫生证书	□理货清单			计费人	
□植物检疫证书	□磅码单				
□动物检疫证书	□验收报告				
□卫生证书	□			收费人	
□原产地证	□				
□许可/审批文件	□				
报检人郑重声明： 3．本人被授权报验。 4．上列填写内容正确属实。 签名：				领取证单	
				日期	
				签名	

注：有“*”号栏由出入境检验检疫机关填写。

中华人民共和国海关进口货物报关单

预录入编号　　　　　　　　　　　　　　　　　　　　　　　海关编号

<table>
<tr><td>进口口岸</td><td>备案号</td><td>进口日期</td><td colspan="2">申报日期</td></tr>
<tr><td>经营单位</td><td>运输方式</td><td>运输工具名称</td><td colspan="2">提运单号</td></tr>
<tr><td>收货单位</td><td>贸易方式</td><td>征免性质</td><td colspan="2">征税比例</td></tr>
<tr><td>许可证号</td><td>起运国（地区）</td><td>装运港</td><td colspan="2">境内目的地</td></tr>
<tr><td>批准文号</td><td>成交方式</td><td>运费</td><td>保费</td><td>杂费</td></tr>
<tr><td>合同协议号</td><td>件数</td><td>包装种类</td><td>毛重（公斤）</td><td>净重（公斤）</td></tr>
<tr><td>集装箱号</td><td colspan="2">随附单据</td><td colspan="2">用途</td></tr>
<tr><td colspan="5">标记唛码及备注</td></tr>
<tr><td colspan="5">项号　商品编号　商品名称规格型号　数量及单位　原产国/地区　单价　总价　币制　征免</td></tr>
<tr><td colspan="5"></td></tr>
<tr><td colspan="5">税费征收情况</td></tr>
<tr><td colspan="3">录入员　　录入单位　　兹声明以上申报无讹并承担法律责任</td><td colspan="2" rowspan="2">海关单批注及放行日期（签章）
审单　　审价</td></tr>
<tr><td colspan="3" rowspan="3">报关员
单位地址　　　　　　　　申报单位（签章）
邮编　　电话　　　　　　填制日期</td></tr>
<tr><td colspan="2">征税　　统计</td></tr>
<tr><td colspan="2">查验　　放行</td></tr>
</table>

4.2.6　实训小结

进口喷气织机实训项目

个人小结

班级：　　　　　　姓名：　　　　　　学号：　　　　　　组别：　　　　日期：

本人实训任务完成情况和感想：   对实训的建议：   实训表现的自我评价：　　　　　　　　　　　　组长（签名）：

实训子项目任务完成情况考核表

实训子项目任务名称：

学生姓名：　　　　学号：　　　　班级：　　　　____年___月___日

任务内容		完成情况（每项内 0～n 为得分区间，右侧框内填实际得分） 全部满分为 100 分								
序号	任务名称	工作态度/ 独立主动		团队意识/ 协调能力		沟通能力/方法 能力		单证制作及业务 操作能力		小计
1	项目资讯和计划	0～1		0～1		0～2		0～6		
2	项目审批	0～1		0～1		0～4		0～4		
3	对外磋商和签约	0～1		0～1		0～2		0～6		
4	审证或对外开证	0～1		0～1		0～2		0～6		
5	租船订舱	0～1		0～1		0～2		0～6		
6	报检	0～1		0～1		0～2		0～6		
7	报关	0～1		0～1		0～2		0～6		
8	办理保险/换取提单	0～1		0～1		0～2		0～6		
9	办理结汇或付款	0～1		0～1		0～2		0～6		
10	善后及资料归档	0～1		0～1		0～2		0～6		
	综合评定									

评定意见：

考核人签字：　　　　年　　月　　日

学生反馈意见：

学生签字：　　　　年　　月　　日

第 5 章

加工贸易业务实训

5.1 实训目标

本项目从建立业务关系开始，仿真训练加工贸易合同签订、办理加工贸易业务批准证、海关备案、进境海关申报料件进口、成品出口及合同完成后的核销等各项操作及单证的制作。学生分别以江苏华芯微电子有限公司业务员、跟单员、单证员、报关员、报检员等身份，自主完成该公司半导体芯片来料加工业务。通过本项目训练，使学生系统、规范、全面地了解加工贸易流程，熟练掌握来料加工业务的全过程操作。

5.2 实训要求

参加综合实训的学生，应在该项目实训开始前，回顾加工贸易的业务操作及报关程序，查阅加工商品的 HS 编码，根据海关对不同保税加工企业和加工商品的差别管理政策，拟定本加工业务的操作流程，制定实训计划，完成本加工贸易合同。

指导教师应具备加工贸易相关理论知识和实际工作经验，可以根据项目的要求担任部门经理，主要负责指导、组织、监测具体实训过程和过程考核，有的放矢地根据学生在仿真操作中出现的错误和问题进行修正和讲解，帮助学生解决实训中出现的其他问题，控制实训进度；同时可作为相关部门（国内生产商、海关、质检总局、商务部、银行及有关管理部门）的办事人员审核相关事宜及证件，以及项目结束后的总结点评和项目考核等。

5.3 实训项目介绍

5.3.1 业务背景

1．加工方

江苏华芯微电子有限公司是专业从事半导体分立器件生产的中日合资企业。公司成立于 2000 年年底，总投资 2 亿美元，公司现有员工 800 多人，占地 1 000 多亩，公司具有 20 多年从事半导体研制生产的历史，多年来与国际知名电子企业紧密合作，现已发展成为国内最大的半导体器件生产制造基地之一。该公司拥有 4 英寸平面、4 英寸台面、5 英寸和 6 英寸共计四条芯片生产线。其中 4 英寸平面线月产能 25 000 片、5 英寸生产线月产能 30 000 片，主要生产小信号晶体管芯片、开关晶体管芯片、大功率晶体管芯片、开关二极管芯片、肖特基芯片、达林顿芯片、高频晶体管芯片和双极 IC 芯片；4 英寸台面线设计月产能 10 万片，主要产品有二极管、大功率三极管、可控硅、放电管等产品；6 英寸 MOS IC 芯片生产线月产能 30 000 片，主要生产 IC 卡芯片、存储器芯片、单片机芯片、语音和视听 IC 芯片等集成电路芯片，同时承接海内外代工业务。公司拥有一支实力雄厚的专业队伍，已通过 ISO9001-2000 质量体系认证，并获得制造工厂认可证书。

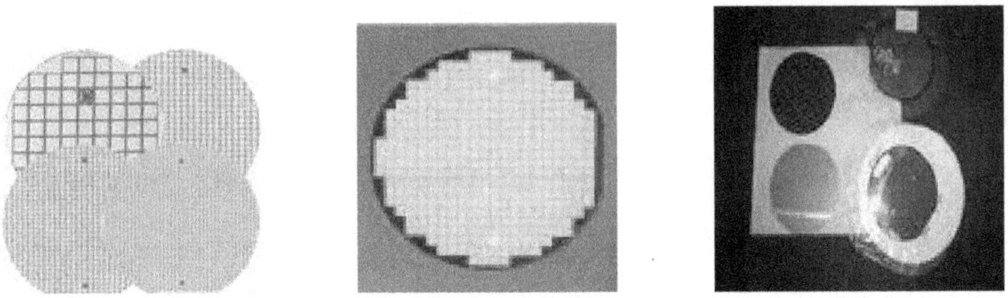

芯片图片

该公司从 2002 年开始做海外代工业务，年出口加工额达 100 多万美元，被海关划归为 A 类企业管理。在海关登记注册的经营单位编码是 3201933333，在商检局注册登记的报检单位登记号为 3200200118，质检总局核发的组织机构代码为 4660075623，工商局核准的生产经营单位注册号为 QS3203503328，企业银行基本账户账号：1104010309000053066。

地址：南京市文澜路 888 号（邮编 210023） 电话：+86-25-85110888

传真：+86-25-85110889 网址：http://www.jsnjhx.com

电邮：hxwdz@126.com

Jiangsu Huaxin Micro Electronics Co.,Ltd.

Add: 888 Wenlan Road, Nanjing 210023, China Tel.: +86-25-85110888

Fax: +86-25-85110889 Web：http://www.jsnjhx.com E-mail：hxwdz@263.com

2．委托方

Phniks Devices Company 是美国亚利桑那州一家生产核电子脉冲、电磁传导开关等器件的半导体公司，产品广泛应用于通信、工业、军事领域。该公司详细名称及地址如下：

Phniks Devices Company

5656 South Fair Lane

Tempe, AZ 85282，USA

Tel.：602-466-8707 Customer Service: 602-466-8606

Fax：602-431-2288 Email：sales@protekdevices.com

Website Technical Support：webmaster@protekdevices.com

5.3.2 业务资料

多年来，得益于政府的改革开放政策，越来越多的中国微电子企业与国际知名的电子公司如意法半导体、摩托罗拉、三星等开展了合资合作，中国的电子工业得到了迅猛发展，具备了较为雄厚的技术力量和生产技术能力，逐渐成为发达国家微电子企业进行 OEM 的首选，Phinks Devices 正是基于这样的理由，考虑到生产技术和成本的因素，试图在中国寻求专业的芯片生产厂家，帮助他们完成芯片的减薄工序（wafer thinning process）。国际合作部有关人员通过互联网搜索到江苏华芯微电子有限公司的相关信息，并与该公司海外部的业务员李广取得了联系，经过多次反复磋商之后，2013 年 8 月 6 日，华芯公司收到 Phinks Devices 委托其代工芯片的订单。

PHNIKS DEVICES COMPANY

5656 South Fair Lane, Tempe, AZ85282，USA　　Tel：602-466-8707　　Fax：602-431-2288

PURCHASE ORDER

TO:

Jiangsu Huaxin Micro Electronics Co.,Ltd.

Add: 888 Wenlan Road, Nanjing 210023, China

Tel.: +86-25-85110888　　Fax: +86-25-85110889

PAGE NO.：1

DATE：Aug 6,2013

PURCHASE NO.：P49034

FROM:

Phniks Devices Company

5656 South Fair Lane

Tempe, AZ85282

USA

Tel.：602-466-8707　　Fax：602-431-2288

L/N	Phniks PART NO. /DESCRIPTION	QTY	MATERIAL FEE	PROCESSING FEE	AMOUNT
1	w84180-0120 , Die 24*16 ,PLANAR (P)	1000pcs	US$30/PC	US$20/PC	US$50000

SAY US DOLLARS FIFTY THOUSAND ONLY.

（1）Material processed:　Wafer Thinning

（2）The damage rate of materials in processing is 3% and such a damage rate of parts and materials shall be supplied free by Phniks Devices Company, should the damage rate exceed 3% , Jiangsu Huaxin Micro Electronics Co.,Ltd. shall supply additional materials and necessary parts.

（3）Delivery: Within one month after receipt of the material.

（4）Payment: We will remit full process charge by T/T whthin 10 days after date of shipment.

In acceptance of this Order, Seller agrees to Phniks Devices Terms and Conditions as referenced on Form QC0427.

The supplier must notify Pro Phniks Devices in advance of any changes in design, construction, materials, processes, packaging or the like.

BUYER'S SIGNATURE______SHARON

Issue Date: Aug 6,2013

2013 年 8 月 8 日，华芯公司收到订单后，在公司销售副总王强的主持下，技术、品质、生产、海外销售四部门进行了会商，与会人员一致认为该加工业务可行，并在“来料加工合同审核单”上签字确认。李广根据订单内容，草拟了加工贸易合同，并在请海外部王涛部长签字后，快递给 Phniks 的 *SHARON* 签字，10 天后，收到对方签署过的合同。合同签署日期为 20130812 ，合同号为 HXWDZ130812，合同有效期至 2013 年 12 月 30 日。

2013 年 8 月 20 日，华芯公司报关员去南京商务局办理加工贸易合同审批，办理“加工贸易业务批准证”和“加工贸易企业生产能力证明”。当日，商务主管部门审核后予以发证。

2013 年 8 月 23 日，华芯公司报关员去南京海关办理合同登记备案及单耗申报等业务。

2013 年 8 月 25 日，华芯公司通知外方相关手续已办妥，可以发料。

2013 年 8 月 26 日，外方将料件 1000 片硅片通过 DHL 发运过来，并将有关单据传真给华芯公司。

PHNIKS DEVICES COMPANY

5656 South Fair Lane, Tempe, AZ85282，USA   Tel.： 602-466-8707   Fax： 602-431-2288

INVOICE

To:

Jiangsu Huaxin Micro Electronics Co.,Ltd.   **Invoice Number ：** PD130812

888 Wenlan Road, Nanjing 210023, China,   **S/CNo.:** HXWDZ130827

Tel.: +86-25-85110888   Fax: +86-25-85110889   **Date of Invoice :** Aug 26,2013

From USA   **To** NANJING , P.R.C

L/C No.   **Issued by**

唛头号码 Marks and Numbers	数量与货品名称 Quantities and Descriptions	总值 Amount
	wafer (w84180-0120 ,Die 24*16 ,PLANAR (P)) 1000PCS **SAY US DOLLARS THIRTY THOUSAND ONLY.**	USD30000

Phniks Devices Company

SHARON

PHNIKS DEVICES COMPANY

5656 South Fair Lane, Tempe, AZ 85282，USA　　Tel.：602-466-8707　　Fax：602-431-2288

PACKING LIST

To:

Jiangsu Huaxin Micro Electronics Co.,Ltd.

888 Wenlan Road, Nanjing 210023, China,

Tel.: +86-25-85110888　　Fax: +86-25-85110889

Invoice Number: PD130812

S/C No.: HXWDZ130827

Date of Invoice : Aug 26,2013

No.s & kind of PKG	DESCRIPTION	QTY.	G.W.	N.W.	MEAS.
1 CTNS	WAFER	1000PCS	3KGS	2.5KGS	50*50*40CM

TOTAL: 1 CTNS　　1000PCS　3KGS　2.5KGS　0.1CBM

Phniks Devices Company

SHARON

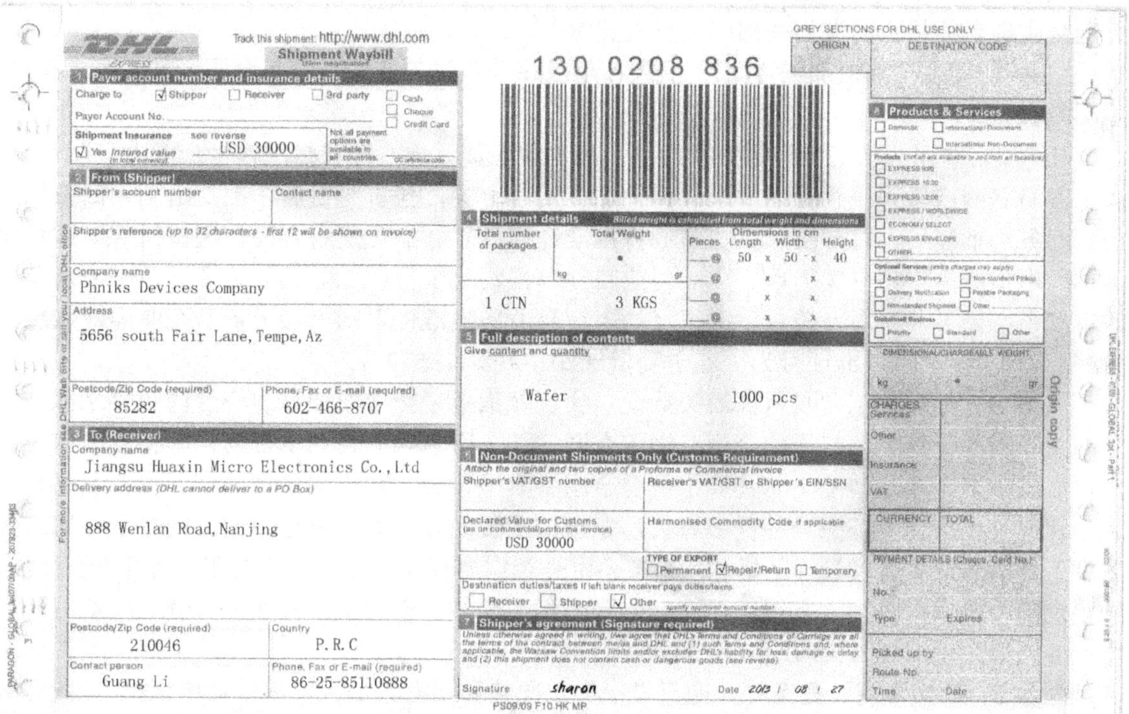
DHL Shipment Waybill

Track this shipment: http://www.dhl.com

130 0208 836

1 Payer account number and insurance details

Charge to: ☑ Shipper ☐ Receiver ☐ 3rd party

Shipment Insurance: ☑ Yes Insured value USD 30000

2 From (Shipper)

Company name: Phniks Devices Company

Address: 5656 south Fair Lane, Tempe, Az

Postcode/Zip Code (required): 85282

Phone, Fax or E-mail (required): 602-466-8707

3 To (Receiver)

Company name: Jiangsu Huaxin Micro Electronics Co.,Ltd

Delivery address: 888 Wenlan Road, Nanjing

Postcode/Zip Code (required): 210046

Country: P.R.C

Contact person: Guang Li

Phone, Fax or E-mail (required): 86-25-85110888

4 Shipment details

Total number of packages: 1 CTN

Total Weight: 3 KGS

Dimensions in cm: Length 50 x Width 50 x Height 40

5 Full description of contents

Wafer　1000 pcs

Non-Document Shipments Only (Customs Requirement)

Declared Value for Customs: USD 30000

Type of export: ☐ Permanent ☑ Repair/Return ☐ Temporary

Destination duties/taxes: ☐ Receiver ☐ Shipper ☑ Other

Shipper's agreement (Signature required)

Signature: sharon　Date: 2013 / 08 / 27

2013 年 8 月 30 日，华芯公司收到 DHL 公司快件到达上海的通知。公司报关员备齐全套通关单据，并快递给 DHL 上海浦东机场办事处，委托其代为清关。

2013 年 9 月 1 日，DHL 公司清关员沈萌代办了料件进口报关手续，海关放行后，DHL 公司派员将货送至华芯公司。

2013 年 9 月 25 日，公司报关员将减薄后的芯片打包，并备好全套单据，交给 DHL 公司，委托其在上海浦东机场办理出口报关手续。

2013 年 10 月 10 日，办理来料加工合同核销。

该项目的其他相关信息资料如下：

包装方式：每片用塑料膜封装，每 100 片装一圆形塑料盒，再装入纸箱；
支付：成品装运 10 天前全额 T/T 支付；
来料毛重：3 公斤/箱。
来料净重：2.5 公斤/箱
来料硅片成本：30 美元/片
料件单耗情况：该减薄工序简单地说就是将原有的硅片磨薄，假设其工艺损耗为 0
加工后的毛重：3 公斤/箱
加工后的净重：2.5 公斤/箱
来料的 H.S 编码：38180011
料件进口报关单号：230820131083080596５，出口报关单号：230820130083663599５

5.3.3 实训任务

任务 1：拟制“来料加工合同审核单”。根据订单及相关信息拟制“来料加工合同审核单”，并送交实训老师指定的各相关部门负责人签字。

任务 2：拟制“来料加工合同”。根据订单及相关信息制作加工贸易合同，要求格式正确，主要内容完整。

任务 3：办理“加工贸易业务批准证”和“加工贸易企业经营状况和生产能力证明”。在加工贸易联网申领系统企业端中录入相关加工贸易合同，检查无误后，提交给南京商务局，得到商务局批复后，打印出加工贸易业务批准证申请表、加工贸易合同、进口料件申请备案清单、出口成品申请备案清单、成品对应料件单损耗情况等，加盖企业公章后，去南京市行政审批中心商务局办事点盖章，取得“加工贸易业务批准证”和“加工贸易企业经营状况和生产能力证明”。本核准证号为“苏宁商资（2013）第 18579”。

任务 4：办理加工贸易合同海关登记备案，领取电子化手册编号。将合同内容录入与主管海关联网的计算机，将采购合同、销售合同、加工贸易合同、加工贸易合同备案申请表、出口成品情况、单耗情况、海关加工贸易合同备案呈报表、加工贸易批准证、加工贸易企业经营状况和生产能力证明一并提交海关，办理加工贸易合同海关登记备案。同时，根据海关对加工贸易企业的分类管理的措施，看该公司是否需要开设银行保证金台账。需开设台账的，到指定的中国银行办理设立银行保证金台账的相关手续。海关准予备案的，领取手册编号。本业务领取的手册编号为 B23072350023。

任务 5：申报单耗。备案时，提交“中华人民共和国海关加工贸易单耗申报单”，向海关申报单耗。

任务 6：办理料件进口手续。备齐有关料件进口的报关单证，快递给 DHL 上海浦东机场办事处，委托其代为清关；向进境海关办理料件进口手续。（本任务中 DHL 公司清关员沈萌的代理报关操作仍由实训同学自己扮演）。

任务 7：办理成品出口手续。制作出口发票、箱单，并备齐加工成品出口的其他报关单证，交给 DHL 速递员，委托其代为清关；向出境地海关办理成品出口手续。（本任务中 DHL 公司清关员的代理出口报关操作仍由每个实训同学自己扮演）。

任务 8：办理来料加工合同完成后的核销。加工贸易合同到期或完成后，准备有关报关单证并办理海关合同核销和银行销账手续。

5.3.4　实训单据

江苏华芯微电子有限公司

来料加工合同审核单

商品名称	型号规格	加工工序	加工费	数量	合同金额	交货期	备注

签约报告：

经办人：

年　　月　　日

单　　位	意　　见	签　　名	日　　期	单　　位	意　　见	签　　名	日　　期
技术部部长				海外部部长			
生产部部长				公司领导			
财务部部长							

THE CONTRACT FOR PROCESSING WITH SUPPLIED MATERIALS

Contract No.:______
Date:____________
Signed at:_________

Messrs,
____
Add.:_______________________________________**Fax:** _______________________**Tel.:**____________
____
Add.:_______________________________________**Fax:** _______________________**Tel.:**____________
____(hereinafter called Party A) and
____(hereinafter called Party B)
have agreed that Party B shall__________in__________ with all__________supplied by Party A under the following terms and conditions:

1. Commodity and quantities for processing with supplied materials and assembling with supplied parts:

(1) Commodity: ____________________ ;

(2) Quantity: ______________________________in total.

2. The processing charge is at U. S. $______________(SAY:______________U. S. D) in total;

3. The main parts, consumables and materials required for processing will be sent to (place) by Party A and if there is any shortage or damage, Party A should be held responsible for supplying replacements.

4. Party A should pay Party B by □ L/C □ T/T covering the full amount of processing charges and costs of parts, ____.

5. Party B must complete______________________ and effect shipment within the agreed date without delay except in the occurrence of uncontrollable and unforeseeable events.

6. The damage rate of parts and materials:

The damage rate of materials in processing is______________% and such a damage rate of parts and materials shall be supplied free by Party A, should the damage rate exceed______________% , Party B shall supply additional materials and necessary parts.

7. Should shipment of materials sent by Party A be wrong or in excess, Party B shall return the excessive portion at the expense of Party A, in case of short shipment, Party A shall make up the shortage.

8. All parts and materials supplied by Party A shall be processed by Party B strictly in accordance with the design Standard without any modification.

9. All wafer processed by Party B shall be shipped to the foreign buyers appointed by Party A strictly in accordance with the design without any modification.

10. Arbitration: All disputes arising from the execution of this contract shall be settled through friendly negotiation between both parties. In event that no settlement can be reached, the case under disputes may then be submitted to China International Economic and Arbitration Commission for arbitration. The decision made by this Commission shall be regarded as final and is binding on both parties. The fees for arbitration shall be borne by the losing party.

11. Validity of the contract: This contract is to be effective from the date after the approval of the authority concerned on Party A's side until___________________.

12. This contract shall be made in triplicate, Party A and Party B shall, both signing all copies, retain one copy and submit one to authorities concerned in (place) for registration.

13 .Remarks:

PARTY A: **PARTY B:**

加工贸易业务批准证申请表

<table>
<tr><td colspan="2">1. 经营企业名称：</td><td colspan="3">4. 加工企业名称：</td></tr>
<tr><td colspan="2">2. 经营企业地址、联系人、电话：</td><td colspan="3">5. 加工企业地址、联系人、电话：</td></tr>
<tr><td colspan="2">3. 经营企业类型：
经营企业编码：</td><td colspan="3">6. 加工企业类型：
加工企业编码：</td></tr>
<tr><td colspan="2">7. 加工贸易类型：</td><td colspan="3">8. 来料加工项目协议号：</td></tr>
<tr><td rowspan="3">进料加工</td><td>9. 进口合同号：</td><td rowspan="3"></td><td rowspan="3">来料加工</td><td>12. 合同外商：</td></tr>
<tr><td>10. 出口合同号：</td><td>13. 合同号：</td></tr>
<tr><td>11. 客供辅料合同号：</td><td>14. 加工费（美元）：</td></tr>
<tr><td colspan="2">15. 进口主要料件（详细目录见清单）：</td><td colspan="3">16. 出口主要制成品（详细目录见清单）：</td></tr>
<tr><td colspan="2">17. 进口料件总值（美元）：</td><td colspan="3">18. 出口制成品总值（美元）：</td></tr>
<tr><td colspan="2">19. 进口口岸：</td><td colspan="3">20. 出口口岸：</td></tr>
<tr><td colspan="2">21. 出口制成品返销截止日期：</td><td colspan="3">22. 加工地主管海关：</td></tr>
<tr><td colspan="2">23. 加工企业生产能力审查单位：</td><td colspan="3">24. 经营企业银行基本账户账号：</td></tr>
<tr><td colspan="2" rowspan="2">25. 国产料件总值（美元）：</td><td rowspan="2">26. 深加工结转金额</td><td>转入（美元）</td><td></td></tr>
<tr><td>转出（美元）</td><td></td></tr>
<tr><td colspan="2">27. 选项说明：
（ ）1. 本合同项下产品不涉及地图内容，不属于音像制品、印刷品。
（ ）2. 本合同项下产品涉及地图内容，已取得国家测绘局批准文件。
（ ）3. 本合同项下产品属音像制品、印刷品，已取得省级出版行政机关批准文件。</td><td colspan="2" rowspan="2">29. 备注：</td><td rowspan="2">30. 经办人：
审核：
签发：
日期：
（此栏由审批机关使用）</td></tr>
<tr><td colspan="2">28. 申请人申明：本企业的生产经营和所加工产品符合国家法律、法规的规定。</td></tr>
</table>

进口料件申请备案清单

序号	商品编号	商品名称	规格型号	数量	单位	单价	总价	原产国

出口成品申请备案清单

序号	商品编号	商品名称	规格型号	数量	单位	单价	总价	消费国

成品对应料件单损耗情况

经营单位盖章：　　　　　　　　　　　　　　　　　　　　　　　　　进口合同号：

成品序号	成品名称	对应料件序号	单耗量	损耗率	对应料件序号	单耗量	损耗率

加工贸易合同备案申请表

经营单位（代码）：				
加工单位（代码）：				
征免比例	全免		加工种类	来料加工
进口合同号		出口合同号		
进口口岸：1.　　2.　　3.				
贸易方式：		成交方式：	出口年限：	
批准文号：				
进口总值（币种）				
经营单位在手手册数：				

进口料件情况

序号	备案号	商品编码	品名（规格）	原产国	数量（单位）	单价	总价

出口成品情况

序号	商品编码	品名（规格）	消费国	数量	单价（USD）	总价（USD）

单耗情况

料件序号	进口料件品名	成品 1		成品 2		成品 3		成品 4		成品 5	
		净耗	耗损（%）	净耗	耗损（%）	净耗	耗损（%）	净耗	耗损（%）	净耗	耗损（%）

中华人民共和国海关加工贸易单耗申报单

<table>
<tr><td colspan="2">企业名称</td><td colspan="2"></td><td>企业
编码</td><td></td><td colspan="2">手册（电子底账）编号</td><td></td></tr>
<tr><td colspan="2">申报环节</td><td colspan="7">□备案　□成品出口前　□深加工结转前　□内销前　□报核前</td></tr>
<tr><td colspan="2" rowspan="2">母线装置</td><td>项号</td><td></td><td>版本号</td><td></td><td>商品编码</td><td colspan="2"></td></tr>
<tr><td>商品名称</td><td></td><td>计量单位：</td><td></td><td>规格型号</td><td colspan="2"></td></tr>
<tr><td rowspan="6">料件</td><td>项号</td><td>商品编码</td><td>商品名称</td><td>计量
单位</td><td>规格型号</td><td>单耗/
净耗</td><td>损耗率</td><td>非保税料件比例</td></tr>
<tr><td></td><td></td><td></td><td></td><td></td><td></td><td></td><td></td></tr>
<tr><td></td><td></td><td></td><td></td><td></td><td></td><td></td><td></td></tr>
<tr><td></td><td></td><td></td><td></td><td></td><td></td><td></td><td></td></tr>
<tr><td></td><td></td><td></td><td></td><td></td><td></td><td></td><td></td></tr>
<tr><td></td><td></td><td></td><td></td><td></td><td></td><td></td><td></td></tr>
</table>

注：若“单耗/净耗”栏申报内容为净耗，则需申报相应损耗率数据；若“单耗/净耗”栏申报内容为单耗，则不必重复申报损耗率数据，损耗率栏应为空。

经办人（签字）：　　申报日期：　　联系电话：　　企业印章：

（本申报单一式两联，第一联由海关留存，第二联由加工贸易企业留存）

南京海关加工贸易合同备案审批表

<table>
<tr><td>经营单位及编码</td><td colspan="2"></td><td colspan="3">保税期限</td><td colspan="3"></td></tr>
<tr><td rowspan="2">加工单位及编码</td><td colspan="2" rowspan="2"></td><td colspan="3" rowspan="2">进出口合同号</td><td colspan="3">进口合同号：</td></tr>
<tr><td colspan="3">出口合同号：</td></tr>
<tr><td>企业类别</td><td></td><td>企业人数</td><td colspan="2"></td><td>联系人</td><td></td><td>电话</td><td></td></tr>
<tr><td>厂房情况</td><td colspan="2">□自建　　□租赁</td><td colspan="3">生产设备情况</td><td colspan="3"></td></tr>
<tr><td>保证金</td><td colspan="8">有□　金额：　无□　涉嫌违规□　要求整改□　其他□</td></tr>
<tr><td>单耗申报</td><td colspan="8">备案时□　产品出口前□　报核前□</td></tr>
<tr><td rowspan="2">合同情况</td><td colspan="4">进口料件总值：</td><td colspan="4">出口料件总值：</td></tr>
<tr><td>主要进口料件名称、数量、重量</td><td colspan="3"></td><td>出口成品名称、数量、重量</td><td colspan="3"></td></tr>
<tr><td>关员初审意见</td><td colspan="8">该经营企业申请办理加工贸易业务，经审核单证齐全，依据总署令第 195 号的相关规定。拟同意办理加工贸易合同备案，请审批。

初审：　　　　复审：</td></tr>
<tr><td>科长审批意见</td><td colspan="8">

年　月　日</td></tr>
<tr><td>关长审批意见</td><td colspan="8">

年　月　日</td></tr>
<tr><td>备注</td><td colspan="8"></td></tr>
</table>

企业加工贸易合同备案呈报表

1．经营单位：	2．经营单位编码：	
3．经营单位地址：		
4．联系人：	5．联系电话：	
6．加工企业：	7．加工企业编码：	
8．加工企业地址：		
9．联系人：	10．联系电话：	
11．外商公司：	12．协议号：	
13．贸易方式：	14．征免性质：	15．贸易国别：
16．保税方式：	17．加工种类：	
18．进口合同：	19．进口总值：	20．币制：
21．出口合同：	22．出口总值：	23．币制：
24．批准文号：	25．审批机关：	
26．进口期限：	27．出口期限：	
28．进口口岸：	29．出口口岸：	
30．报关员：	31．填报日期：	
32．备注：		

代理报关委托书

编号：

我单位现（A 逐票、B 长期）委托贵公司代理____等通关事宜。（A、填单申报 B、辅助查验 C、垫缴税款 D、办理海关证明联 E、审批手册 F、核销手册 G、申办减免税手续 H、其他）详见《委托报关协议》。

我单位保证遵守《海关法》和国家有关法规，保证所提供的情况真实、完整、单货相符。否则，愿承担相关法律责任。

本委托书有效期自签字之日起至　　　　　　　　年　　　月　　　日止。

委托方（盖章）：

法定代表人或其授权签署《代理报关委托书》的人（签字）

年　　月　　日

委托报关协议

为明确委托报关具体事项和各自责任，双方经平等协商签定协议如下：

委托方	
主要货物名称	
HS 编码	
货物总价	
进出口日期	年　　月　　日
提单号	
贸易方式	
原产地/货源地	
其他要求：	
背面所列通用条款是本协议不可分割的一部分，对本协议的签署构成了对背面通用条款的同意。	
委托方业务签章： 经办人签章： 联系电话：　　　　年　月　日	

被委托方		
*报关单编码	No.	
收到单证日期	年　月　日	
收到单证情况	合同□	发票□
	装箱清单□	提（运）单□
	加工贸易手册□	许可证件□
	其他	
报关收费	人民币：　　　　元	
承诺说明：		
背面所列通用条款是本协议不可分割的一部分，对本协议的签署构成了对背面通用条款的同意。		
被委托方业务签章： 经办报关员签章： 联系电话：　　　　年　月　日		

（白联：海关留存、黄联：被委托方留存、红联：委托方留存）　　中国报关协会监制

中华人民共和国海关进口货物报关单

预录入编号　　　　　　　　　　　　　　　　　　　　　　海关编号

<table>
<tr><td>进口口岸</td><td>备案号</td><td>进口日期</td><td colspan="2">申报日期</td></tr>
<tr><td>经营单位</td><td>运输方式</td><td>运输工具名称</td><td colspan="2">提运单号</td></tr>
<tr><td>收货单位</td><td>贸易方式</td><td>征免性质</td><td colspan="2">征税比例</td></tr>
<tr><td>许可证号</td><td>起运国（地区）</td><td>装运港</td><td colspan="2">境内目的地</td></tr>
<tr><td>批准文号</td><td>成交方式</td><td>运费</td><td>保费</td><td>杂费</td></tr>
<tr><td>合同协议号</td><td>件数</td><td>包装种类</td><td>毛重（公斤）</td><td>净重（公斤）</td></tr>
<tr><td>集装箱号</td><td colspan="2">随附单据</td><td colspan="2">用途</td></tr>
<tr><td colspan="5">标记唛码及备注</td></tr>
<tr><td colspan="5">项号　商品编号　商品名称规格型号　数量及单位　原产国/地区　单价　总价　币制　征免</td></tr>
<tr><td colspan="5"></td></tr>
<tr><td colspan="5">税费征收情况</td></tr>
</table>

<table>
<tr><td>录入员　录入单位</td><td rowspan="2">兹声明以上申报无讹并承担法律责任</td><td>海关单批注及放行日期（签章）
审单　　审价</td></tr>
<tr><td rowspan="2">报关员
单位地址　　申报单位（章）
邮编　　电话　　填制日期</td><td>征税　　统计</td></tr>
<tr><td></td><td>查验　　放行</td></tr>
</table>

中华人民共和国海关加工贸易单耗申报单

[共　　页第　　页]

企业名称			企业编码		手册编号	
申报环节	□备案　□成品出口前□深加工结转前□内销前 □报核前					
成品	项号		版本号		商品编码	
	商品名称		计量单位		规格型号	

	项号	商品编码	商品名称	计量单位	规格型号	单耗/净耗	损耗率	非保税料件比例
料件								

注：若“单耗/净耗”栏申报内容为净耗，则需申报相应损耗率数据；若“单耗/净耗”栏申报内容为单耗，则不必重复申报损耗率数据，损耗率栏应为空。

经办人（签字）：　　　申报日期：　　　联系电话：　　　企业印章：

（本申报单一式两联，　第一联由海关留存，第二联由加工贸易企业留存）

代理报关委托书

编号：

我单位现（A 逐票、B 长期）委托贵公司代理____等通关事宜。（A、填单申报 B、辅助查验 C、垫缴税款 D、办理海关证明联 E、审批手册 F、核销手册 G、申办减免税手续 H、其他）详见“委托报关协议”。

我单位保证遵守《海关法》和国家有关法规，保证所提供的情况真实、完整、单货相符。否则，愿承担相关法律责任。

本委托书有效期自签字之日起至　　　　年　　月　　日止。

委托方（盖章）：

法定代表人或其授权签署“代理报关委托书”的人（签字）

年　　月　　日

委托报关协议

为明确委托报关具体事项和各自责任，双方经平等协商签订协议如下：

委托方		被委托方		
主要货物名称		*报关单编码	No.	
HS 编码		收到单证日期	年　月　日	
货物总价		收到单证情况	合同□	发票□
进出口日期	年　　月　　日		装箱清单□	提（运）单□
提单号			加工贸易手册□	许可证件□
贸易方式			其他	
原产地/货源地		报关收费	人民币：　　　　元	
其他要求：		承诺说明：		
背面所列通用条款是本协议不可分割的一部分，对本协议的签署构成了对背面通用条款的同意。		背面所列通用条款是本协议不可分割的一部分，对本协议的签署构成了对背面通用条款的同意。		
委托方业务签章： 经办人签章： 联系电话：　　　年　月　日		被委托方业务签章： 经办报关员签章： 联系电话：　　　年　月　日		

（白联：海关留存、黄联：被委托方留存、红联：委托方留存）　中国报关协会监制

中华人民共和国海关出口货物报关单

预录入编号　　　　　　　　　　　　　　　　海关编号

出口口岸	备案号	出口日期	申报日期	
经营单位	运输方式	运输工具名称	提运单号	
发货单位	贸易方式	征免性质	结汇方式	
许可证号	运抵（国地区）	指运港	境内货源地	
批准文号	成交方式	运费	保费	杂费
合同协议号	件数	包装种类	毛重（公斤）	净重（公斤）
集装箱号	随附单据	生产厂家		
标记唛码及备注				
项号 商品编号 商品名称规格型号 数量及单位 最终目的地国/地区 单价 总价 币制 征免				
税费征收情况				

录入员　录入单位	兹声明以上申报无讹并承担法律责	海关单批注及放行日期 （签章） 审单审价
报关员 申报单位（签章） 单位地址 邮编　电话　填制日期		征税　统计 查验　放行

企业合同核销申请表

册号：	申请人：	联系电话：	
经营单位（签章）：	贸易性质：	报核日期：	
加工单位（签章）：	合同期限：		
进口报关单数：	料件备案进口总值：	料件实际进口总值：	
出口报关单数：	成品备案出口总值：	成品实际出口总值：	
已转出剩余料件总值：	进口报关单总净重：	首次进口日期：	最后进口日期：
已补税剩余料件总值：	出口报关单总净重：	首次出口日期：	最后出口日期：
是否涉及单耗标准：			

加工贸易合同核销申请表

申请号：

1. 手册编号		2. 申请人		3. 申请日期	
4. 经营单位		5. 贸易方式		6. 报核日期	
7. 加工单位		8. 征税比例		9. 合同期限	
10. 进口报单数		11. 料件进口总值		12. 剩余料件值	
13. 出口报单数		14. 成品出口总值		15. 剩余成品值	
16. 转入料件次数		17. 料件转入价值		18. 转入成品次数	
19. 成品转入价		20. 料件转出次数		21. 料件转出价值	
22. 成品转出次数		23. 成品转出价值			
24. 备注：					

加工贸易合同进口料件清单

手册号：											
序号	报关单号	进口日期	料件 1 品名（单位）	料件 2 品名（单位）	料件 3 品名（单位）	料件 4 品名（单位）	料件 5 品名（单位）	料件 6 品名（单位）	料件 7 品名（单位）	报关总净重（千克）	报关总金额（USD）
合计											
经营单位（签章）：						加工单位（签章）：					

加工贸易合同出口成品清单

手册号：									
序号	报关单号	出口日期	成品 1 品名（单位）	成品 2 品名（单位）	成品 3 品名（单位）	成品 4 品名（单位）	成品 4 品名（单位）	报关总净重（千克）	报关总金额（USD）
			塑胶钻头（套）	塑胶钻头套件（套）	工具套件（套）	工具套件（套）	工具套件（套）		
经营单位（签章）：					加工单位（签章）：				

核销申请单

手册号：	进口合同号	实际进口额：	出口合同号：		实际出口额：

实际进口/转入料件情况							实际出口/转出成品料件情况													征税内销情况		剩余料件/残次品情况		
项号	品名和规格	单位	实际进口数量				成品 1：		成品 2：		成品 3		成品 4：		成品 5：		成品 6：		总耗	数量	总价	数量	处理方式： 结转/退运/放弃	备注
			进口	深加工结转	余料结转	总计	出口数量：		出口数量：		出口数量：		出口数量：		出口数量：		出口数量：							
							单耗	总耗	单耗	总耗	单耗	总耗	单耗	总耗	单耗	总耗	单耗	总耗						

边角料/副产品/受灾货物情况				申报核销单据		缴税情况		本表内容申报无讹，如有不实，本企业愿承担相应的法律责任	
品名和规格	单位数量	价值	处理方式	手册数量	主册　续册　分页	关税 税额		经营企业盖章 经办人签字	加工企业盖章 经办人签字
				报关单份数	进口　出口				
				核销申请表	页	增值税额			
				其他单据		消费税额		经营企业电话：	加工企业电话：

加工贸易合同核销核算表

手册号：

序号	进口料件	进口量（件）	出口成品	出口量（套）	净耗	工艺损耗率	净耗量（件）	损耗量（KG）	剩余料件	退残次品耗料	边角料	剩余料件、无价值损耗、边角料处理方式

经营单位（签章）：　　　　加工单位（签章）

5.3.5　实训小结

华芯半导体芯片加工实训项目

个人小结

班级：　　　　　　姓名：　　　　　　学号：　　　　　　组别：　　　　日期：

本人实训任务完成情况和感想：   对实训的建议：   实训表现的自我评价：　　　　　　　　　　　　　组长（签名）：

实训子项目任务完成情况考核表

实训子项目任务名称：

学生姓名：　　　　　学号：　　　　　　班级：　　　　　＿＿＿＿年＿＿＿月＿＿＿日

任务内容		完成情况（每项内 0～n 为得分区间，右侧框内填实际得分）全部满分为 100 分								
序号	任务名称	工作态度/独立主动		团队意识/协调能力		沟通能力/方法能力		单证制作及业务操作能力		小计
1	项目资讯和计划	0～1		0～1		0～2		0～6		
2	项目审批	0～1		0～1		0～4		0～4		
3	对外磋商和签约	0～1		0～1		0～2		0～6		
4	审证或对外开证	0～1		0～1		0～2		0～6		
5	租船订舱	0～1		0～1		0～2		0～6		
6	报检	0～1		0～1		0～2		0～6		
7	报关	0～1		0～1		0～2		0～6		
8	办理保险/换取提单	0～1		0～1		0～2		0～6		
9	办理结汇或付款	0～1		0～1		0～2		0～6		
10	善后及资料归档	0～1		0～1		0～2		0～6		
	综合评定									

评定意见：

考核人签字：　　　　　　年　　　月　　　日

学生反馈意见：

学生签字：　　　　　　年　　　月　　　日

附录　参 考 网 站

1．海关总署 http://www.customs.gov.cn
2．中国国际贸易网 http://cn.chinagjmy.com
3．国际进出口贸易网 http://www.100trade.com
4．中国贸促网 http://www.ccpit.org
5．中华人民共和国商务部 http://www.mofcom.gov.cn
6．中国国际投资促进网 http://www.chinafdi.org.cn
7．中国招商引资网 http://www.china-138.com
8．国际贸易经济合作研究院 http://www.caitec.org.cn
9．中国制造网 http://cn.made-in-china.com
10．中国经济信息网 http://www.cei.gov.cn
11．阿里巴巴网 http://www.alibaba.com
12．商务培训网 http://training.mofcom.gov.cn
13．世贸人才网 http://www.wtojob.com
14．中国进出口网 http://www.chinaim-ex.com
15．江苏省出入境检验检疫局 http://www.jsciq.gov.cn
16．外贸单证实务国家精品课程网 http://jpk.niit.edu.cn/gs/index.html
17．国家质量监督检验检疫总局 http://www.aqsiq.gov.cn
18．国家税务总局 http://www.chinatax.gov.cn

参 考 文 献

[1] 郭晓晶. 外贸单证制作实务[M]. 北京：高等教育出版社，2011.

[2] 海关总署报关员资格考试教材编写委员会. 2013 年版报关员资格全国统一考试教材[M]. 北京：中国海关出版社，2013.

[3] 报检员资格考试委员会. 2013 年版报检员资格全国统一考试教材[M]. 北京：中国标准出版社，2013.